J'AIME PAS LES VOYAGES

AVENTURES D'UN ANTI-AVENTURIER

Éditions du Trésor
38, rue d'Aboukir
Paris IIe

www.editionsdutresor.com

BRUNO LÉANDRI

J'AIME PAS LES VOYAGES

AVENTURES D'UN ANTI-AVENTURIER

ÉDITIONS DU TRÉSOR

LE GILET DE SAUVETAGE EST SITUÉ SOUS VOTRE SIÈGE...

J'aime pas les voyages. J'aime pas les aéroports, j'aime pas les avions de ligne, je déteste m'arracher à mon fauteuil chéri pour affronter des contrées hostiles, chez des gens qui ne m'ont rien demandé.

J'aime pas les aventures. Dès qu'une situation tourne aventureux je me sens intrus dans l'histoire, ne prends aucun plaisir à y faire face, et n'ai qu'un désir : réintégrer mon fauteuil chéri.

Mais ainsi va la vie, il s'est toujours trouvé des circonstances tordues ou banales, professionnelles ou familiales, conjoncturelles ou prétendument récréatives, qui, aggravées par mon incoercible curiosité, sont parvenues à m'arracher à mes coussins douillets, pour me propulser aux trois coins du monde (j'ai résisté pour le quatrième) et me jeter dans des aventures échevelées dont je ne suis sorti vivant que grâce à un anus entouré de pâtes alimentaires, doublé d'une force de caractère peu commune servie par des réflexes félins et des muscles d'acier.

Aventurier de corridor, baroudeur en charentaises, mercenaire du canapé, ce ne sont pas les dangers de mort que je veux faire partager, ce sont mes agacements, mes ahurissements naïfs ou mes emballements stupides, les portraits des personnages bizarres que j'ai croisés, mais aussi les instantanés d'un petit témoin de la grande Histoire. Ces crises de rire ou de nerfs, véritables trésors de l'explorateur du dérisoire, véritables découvertes de l'amateur de détails saugrenus, valaient bien un recueil, récolte insolite ou hilaratoire, qui m'a souvent récompensé de mes crispations expéditionnaires.

Cette collection, rassemblée aux côtés de ma compagne de toujours, couvre quatre de mes voyages, du jeune au quadra : la Roumanie, la Tunisie, le Vietnam et la Chine. Si vous êtes sages, je vous raconterai plus tard l'Argentine, l'Estonie, l'Égypte, Lanzarote et d'autres, qui ne sont pas non plus piqués des myriapodes. Finalement, je me demande si mes pérégrinations réticentes n'étaient pas entreprises dans l'unique but de me fendre la gueule.

ROUMANIE 1975

J'avais 20 ans. L'âge où on se cherche, et où on aligne les jobs alimentaires pour arriver à vivre en prenant le temps de se chercher. La Roumanie de Ceausescu, beaucoup moins jeune que moi, m'ouvrit les bras. Tous les espoirs étaient encore permis en ce qui me concernait, mais pour le socialisme version pays de l'Est, ce n'était pas le cas.

RECRUTEMENT D'UNE TAUPE

L'adresse était prestigieuse, une des rues de luxe à côté de l'Opéra de Paris, mais l'extrême exiguïté de la boutique limitait là le prestige. La première particularité de cette officine proclamée agence de voyage était de porter par pure rouerie commerciale le même acronyme qu'une compagnie aérienne disparue depuis, UTA[1], les services de la concurrence étant moins pointilleux que maintenant, ou simplement dissuadés par la misérable insignifiance de l'imposteur. La seconde, d'avoir comme patron un immense héron fatigué et mythomane qui portait le même nom singulier que la dernière dynastie des empereurs byzantins et qu'un des protagonistes de l'affaire Dreyfus : Paléologue.

Cet étrange personnage, qui tenait à peine dans son minuscule bureau, derrière lequel le voir replier toutes ses jambes pour s'asseoir relevait de la performance, semblait las de tout sauf des merveilles qu'il vendait. Il cachait sous une mèche grise, longue et perpétuellement tombante, son regard ténébreux et désabusé, traitant tout sujet d'une moue mélancolique,

1 Rachetée et absorbée par Air France en 1992.

mais dès que la conversation en venait aux séjours qu'il proposait à ses clients, ses yeux s'animaient, il se contorsionnait dans son fauteuil de torture, lançait un de ses interminables bras vers une étagère dans son dos et en sortait une brochure d'agence de voyage, mais pas n'importe laquelle : la sienne.

Ce catalogue, c'était son chef-d'œuvre, sa *Comédie humaine*, sa chapelle Sixtine : douze pages en quadrichromie sur papier glacé, décrivant les fastes et les enivrantes splendeurs de l'hôtel-club qu'il dirigeait en Roumanie, descriptions fignolées, composées, bichonnées par sa main, dans lesquelles il avait épanoui ses pulsions littéraires frustrées, en ciselant des slogans dignes du grand marketing.

Mêlant la Dacie latine au ski nautique, Ionesco à la piscine olympique, Nadia Comaneci au restaurant self-service, il le lisait à haute voix – il pouvait en être d'autant plus fier, de son catalogue, que c'était son seul travail effectif, étaler son mirifique programme en un fantasme qui ne dépassait pas sa petite brochure.

Je conclus de son discours sinusoïdal, qui, durant l'entretien, était passé au moins trois fois de l'exaltation trépidante au plus morne abattement, que si ma candidature lui agréait, je serais personnellement chargé de concrétiser sur place la partie du catalogue concernant « la joie de vivre roumaine et ses farandoles multicolores, tourbillon de fêtes et de spectacles animées par un professionnel français » et qui suivait la partie concernant les sports, tout aussi alléchante, voile, tennis, ski nautique, équitation à volonté. Je lui jurai que traduire dans les faits la perfection exquise d'une telle brochure m'apparaissait comme un projet envoûtant, qui me remplissait d'enthousiasme, et, les références de mon emploi précédent d'animateur au Club Méditerranée faisant leur effet, il m'agréa. Quand je lui parlai d'emmener ma copine Cathy pour m'aider, le vieil escroc n'y vit aucun inconvénient. Offrir voyage et gîte qu'il payait à des prix imbattables, et accueillir en échange une employée supplémentaire à l'œil, qu'il n'avait pas à déclarer… Tout juste s'il n'a pas corrigé son catalogue : « animées par une équipe mixte de professionnels français ». J'aurais dû me méfier, le salaire étant bizarrement correct, me dire qu'il filait pas ça pour rien.

Et donc, va pour la Roumanie. Je fus soudain pris d'une grande curiosité de découvrir un pays communiste en état de marche, même si celui-là était un peu dissident : Ceausescu, alors en rupture avec l'URSS, essayait de suivre une ligne indépendante sans tomber chez Tito ni rejoindre les Chinois[2]. Partant la fleur à la bouche et le sac à découvertes grand ouvert, je n'aurais pas imaginé que je vivrais aussi intimement dans ma chair et dans mes nerfs les grandeurs d'une république populaire en roue libre.

En fait, le marabout neurasthénique qui m'avait embauché ne dirigeait rien du tout en dehors de sa boîte à chaussures, il se contentait d'envoyer ses clients dans les hôtels-usines du tourisme roumain au bord de la mer Noire et de toucher sa marge. Pour damer le pion à ses concurrents qui se contentaient de revendre les nuitées roumaines pension complète clés en main, il se targuait de proposer un bonus, laissant un petit jeune plein de bonne volonté mettre les mains dans le charbon et assurer l'essentiel du boulot sur place : donner un vague aspect de réalité à ses flamboyantes promesses. Concrètement, il s'agissait surtout de calmer la colère de ses clients lorsqu'ils découvraient que la voile se limitait à contempler l'épave de l'unique dériveur qui pourrissait sur la plage,

---

2 À cette époque, Tito en Yougoslavie, et Mao en Chine (et en Albanie), tentaient une formule du socialisme différente de celle de Moscou. L'un et l'autre s'accusant de « révisionnisme » par rapport à l'orthodoxie marxiste.

le tennis à compter les flaques d'eau du terrain vague défoncé qui avait été un court pour apparatchiks dans les années 1950, le ski nautique à entendre l'éclat de rire de l'employé roumain devant cette seule évocation, et l'équitation à entreprendre une balade autour de la zone hôtelière en charrette à pneus tirée par un percheron décoré. Et donc, je devais multiplier d'autant la frénésie de l'animation, afin que les voyageurs reviennent en France sans accompagner leur retour d'une visite au service des fraudes, de la concurrence et des prix. Avec moi, niaiseux, honnête, et plein d'énergie, cet enfoiré avait tiré le bon numéro.

PLONGÉE DANS L'INCONNU PROLÉTARIEN

Avec ses frères et voisins, l'hôtel *Steaua de mare* (étoile de mer) ressemblait à s'y méprendre à une cité HLM de La Courneuve avec ses tours, ses barres et sa dalle ludique et accueillante, aussi sympathique qu'un glacis de l'organisation Todt. Ses fenêtres donnaient d'un côté sur la mer, obligatoire, et de l'autre sur un interminable champ de maïs qui avait bouffé l'enceinte du camp de détention des travailleurs forcés condamnés jadis à construire les hôtels en guise de rééducation politique, et dont on voyait encore les baraquements en ruine et les barbelés rouillés. Pour accentuer l'ambiance balnéaire et primesautière, des miradors – opérationnels ceux-là – dûment munis d'une mitrailleuse, encadraient la plage à chaque extrémité, même si les canons n'étaient pas dirigés vers les baigneurs mais plutôt vers l'horizon. Explication : à cette époque-là, les tensions de plus en plus vives avec l'URSS faisaient craindre aux plus paranos des militaires roumains un débarquement des Russes et ils s'y préparaient, sans y voir la moindre contre-indication pour la clientèle vacancière pourvoyeuse de devises censée s'étaler au soleil à côté. Résultat, des patrouilles de soldats casqués, bottés, kalachnikov en fleur défilaient le long des plages, au milieu des transats et des parasols, le regard plus tourné vers les fesses des touristes que vers le large et sa menace d'invasion soviétique, et si quelque responsable hôtelier local pouvait y nourrir une objection, il n'en faisait part à personne.

Le succès touristique du lieu venait moins de sa réputation estivale que d'un traitement gériatrique de rajeunissement à base de bains de boue qu'on ne savait faire que là, et qu'avait mis au point un grand docteur baindeboueologue du cru. Nombre de séjours étant couplés à une cure dans la clinique réputée, la clientèle s'en ressentait : les touristes de moins de 60 ans y étaient minoritaires, et notre travail à Cathy et moi simplifié d'autant, mais il en restait quand même assez qui ne venaient pas pour la thérapie. Il fallait donc élaborer ex nihilo les nuits folles de l'hôtel *Steaua de mare*, en coordination avec son personnel de pointe, avant-garde du prolétariat spécialisé dans l'accueil des étrangers, résolument engagé dans le triomphe de l'hôtellerie médicalisée marxiste-léniniste sous la direction éclairée du président bien-aimé Nicolae Ceausescu (« et de sa femme, la présidente Elena Ceausescu », formule que tout journaliste, orateur, visiteur ou simple hôte poli était déjà forcé d'ajouter à chaque mention du Conducator, nom officiel local du grand leader).

— Vous disposerez d'une salle, m'avait prévenu mon patron pliable, mais il faudra amener tout le matériel. Sur place, vous ne trouverez rien.

C'était on ne peut plus vrai. La salle qui m'était dévolue, cube de béton vide, servait pour moitié de débarras à un bar de plage qui, à l'heure d'affluence en haute saison, voyait sa fréquentation culminer à deux clients. L'autre moitié, détail encourageant, était annexée par une pharmacie pour curistes.

Unique consolation, je n'étais pas le seul salarié occidental. L'échalas à ressorts avait poussé l'investissement jusqu'à engager une hôtesse d'accueil francophone et professionnelle, belge en l'occurrence, pour arrondir les angles entre ses clients et la réception roumaine. En plus de nous rassurer par sa seule présence, la sympathique jeune fille nous expliqua à notre arrivée les subtilités des rapports avec nos collègues roumains.

Grand gaillard aux cheveux grisonnants, chemise ouverte sur le costume gris clair n° 12 spécial tourisme-détente du combinat textile Louise Michel, le directeur de l'hôtel m'attendait comme le messie (celui des prêtres-ouvriers, quand même). Sur moi seul reposait l'humeur de ses touristes étrangers, il en était bien convaincu, et n'avait aucune confiance dans le charisme festif de mes homologues roumains. Il n'avait pas une mauvaise tête, le fonctionnaire de la joie de vivre, mais on le sentait courbé sous les responsabilités épineuses d'une clientèle si politiquement délicate.

Messie, à l'époque, je pouvais pas mieux faire : les cheveux longs et la barbe étaient si rares dans Landernul qu'il crut les premières secondes avoir affaire au vrai, de messie, ou mieux, à une réincarnation de Karl Marx, tout en constatant, ainsi que tous ses collègues, confrères et employés, qu'en tout cas sur l'aspect extérieur de l'hurluberlu parisien, on ne l'avait pas volé. Il m'accueillit avec chaleur et me demanda d'exprimer mes desiderata en latin dans le texte, ce qui est normal vu que le roumain est une langue latine.

J'avais tout prévu pour faire face au dénuement technique. À Paris, avant le départ, on avait fait le tour des boîtes de locations et des fournisseurs de kermesses. Partir de rien du tout me semblait une configuration saine, puisqu'elle épargnait les surprises : trois-quatre costumes et des kilos de papier crépon, avec ça, je vous monte *Nabucco*. Léonard de Vinci de la débrouillardise, certes, mais tout de même, me disais-je en contemplant le béton suintant, à ce point-là, je ne partais pas de zéro, mais de moins cinquante.

Je fis part au directeur d'exigences exorbitantes : je voulais cent cinquante chaises rembourrées, et des rideaux aux baies vitrées, et qu'on me construise une scène, et qu'on expulse la pharmacie mitoyenne pour en faire à la fois ma loge et mes coulisses, et qu'on me fournisse des balles de ping-pong (que j'avais oubliées dans mes courses parisiennes) pour en faire des yeux d'autruches. À mon grand étonnement, le directeur n'émit pas la moindre objection, il sortit un calepin de son costume gris, nota, et dit « Ça sera fait », à l'exception des balles de ping-pong, dont malheureusement des difficultés dans la chaîne de fabrication rendaient l'approvisionnement provisoirement suspendu, mais si je voulais des balles de tennis, il venait d'être livré.

Puis il me présenta au personnel roumain chargé avec moi de remplir les soirées des heureux hôtes cosmopolites, personnel qui se résumait à un unique représentant : le barman.

Dès le premier regard échangé, je compris que Viorel, c'était son nom, sous sa carrure bourrue de plombier-zingueur apathique, me haïrait jusqu'à sa dernière goutte de sang prolétarien. Non seulement mon aspect de beatnik drogué ou de Che Guevara d'opérette, au choix, me désignait comme ennemi de classe de l'espèce la plus venimeuse, pourriture occidentale envoyée corrompre la belle jeunesse roumaine, mais surtout j'apportais avec moi le plus terrible fléau qui pouvait le menacer dans sa planque trois étoiles : le travail.

Car si, moi, de son bar, je m'en foutais, je ne pouvais pas empêcher mes spectateurs d'aller chercher un verre avant de s'asseoir sur mes chaises rembourrées. Pour son grand malheur, en quinze jours, son bar passerait en soirée de deux clients à deux cents, il ne me le pardonnerait pas, et j'allais bientôt connaître les flèches de sa vengeance.

ODIEUX MANIPULATEUR

La technique était la suivante : repérer dans les touristes arrivants les meneurs, les plus indignés, les plus hargneux, agitant la menace d'une plainte officielle, le Raymond grande gueule, porte-parole de tout un groupe protestataire, qui saoulait de récriminations ma pauvre collègue hôtesse, à propos des prestations qui n'existaient pas, des chambres et de la bouffe, jugées respectivement minables et infecte. Le truc, c'était de les prendre entre quatre zyeux, d'écouter leur légitime colère avec des hochements compatissants, d'autant plus sincères que moi petit salarié, je n'y étais pour rien, de leur affirmer que leurs plaintes seraient transmises le plus rapidement à qui de droit, mais que, puisqu'ils étaient là et que leurs vacances s'écouleraient quoi qu'il arrive, il se trouvait que j'avais besoin de comédiens justement avec leur physique pour le spectacle du week-end prochain, et que, comme le défaut de tennis et d'équitation leur laissait du temps, ils pouvaient bien passer un après-midi à l'animation pour répéter les petits rats de l'Opéra ou les moines d'Héloïse et Abélard, et que s'ils pouvaient amener leur femme et leurs copains avec eux, il me fallait du monde.

Au début, ils renâclaient, mais plus c'était gros, plus ça passait... voir en tutu et collants le gros Raymond poilu, la famille et les copains pliés en quatre brûlaient leur stock de pellicules, la soirée-spectacle était un triomphe, le gros Raymond devenu dès le lendemain star de l'hôtel était flatté et se rengorgeait. Après ça, c'était dans la poche, plus la moindre râlerie, la bouffe était moins mauvaise, leur chambre moins nulle, les voilà qui découvraient que même mes bêlements à la guitare étaient bien jolis bien poétiques, que finalement ils avaient pas passé un si mauvais séjour que ça, et que même, l'un dans l'autre, on pouvait parler de bonnes vacances, qu'ils n'avaient pas rigolé comme ça depuis longtemps. Aussi véhéments dans la satisfaction qu'ils l'avaient été dans les doléances, d'aucuns se fendirent même de félicitations à l'agence, mon héron n'en revenait pas.

L'ESPION QUI VENAIT DU TIÈDE

Une fois la tête sortie de mes stratégies professionnelles, on s'aperçut vite, Cathy et moi, qu'en plus de la crainte d'une invasion russe régnait une ambiance de suspicion générale, sans qu'on puisse dire au premier abord si elle reposait sur du concret ou ressortait juste des petites âmes occidentales qui se la jouaient frisson James Bond.

On était surveillés en permanence, m'informa l'hôtesse belge. La moitié du personnel roumain de l'hôtel émargeait à la Securitate, la police secrète locale, condition impérative pour obtenir un travail dans ce cadre privilégié en contact avec les étrangers. Des agents de la Securitate en civil parcouraient les couloirs de l'établissement et stationnaient dans le hall, chaque employé étranger était marqué à la culotte, même si plus discrètement que les autochtones. Toutes les chambres étaient munies d'un système de micros, les conversations téléphoniques étaient enregistrées, chaque déplacement était signalé, répertorié. Ça semblait logique : le régime ne pouvait pas se permettre de laisser les vices de l'Occident pourrir sa belle jeunesse et surveillait de près le contingent exogène de cette région à haut risque. Nous-mêmes, disait-elle, il fallait faire attention à ce qu'on disait dans les chambres, à qui on parlait, qui on rencontrait.

Piqué au vif dans mon scepticisme chronique, j'entrepris de procéder dans les jours suivants à la plus immédiate des vérifications. Ma petite expérience de sonorisation comme *roadie* puis ingé son m'avait initié aux rudiments de l'électronique. Un jour d'audace, après avoir vérifié que personne n'était dans le couloir, je démontai le téléphone de notre chambre, dévissai tout ce que je pus des boîtes de dérivation, ouvris des baguettes électriques en mauvais plastique, déplaçai les meubles, examinai à la loupe rideaux, placards, tuyaux, gaines de service, sous les yeux amusés mais attentifs de ma copine, je ne trouvai rien. Le plus dur fut de tout remonter sans laisser de traces. Et soudain, la vision de cent cinquante professionnels en train d'espionner cent cinquante chambres occupées par des touristes valétudinaires ou des familles de raymonds originaires de Villeneuve-la-Garenne, ajoutée au boulot technique qu'impliquait une telle installation pour un gibier aussi négligeable, eux qu'étaient pas foutus de faire marcher un ascenseur correctement, me fit pointer l'invraisemblance.

Les micros, c'était peut-être dans les palaces de Bucarest qu'il fallait les chercher, mais pas ici. Je pris la décision de ne plus m'en soucier.

Simultanément, je constatai avec accablement que tout le reste était vrai, les messieurs en imper gris qui tournaient d'un va-et-vient nonchalant entre la réception et le salon n'étaient pas des grooms. Avant d'en faire la pénible expérience moi-même. Comme on pouvait s'en douter, surtout chez mes copains gauchistes hypersensibles du pavillon rouge, je découvrais la sévère différence entre le communisme pépère fête de l'Huma Pif gadget que je connaissais depuis toujours, qui se promenait en France entre la Bastille et la Nation, et celui au pouvoir à l'Est, qui me déployait ici la démo in vivo de ses sinistres réalités, communes à tous les pays qui s'intitulaient socialistes.

Il me fallut un peu plus de temps pour comprendre que mes collègues roumains travaillant dans le même établissement étaient séparés en deux camps : il y avait ceux qui bavaient de concupiscence devant la liberté de l'Occident, ses lumières et sa consommation, que je représentais à mon corps défendant. Pour eux, j'étais le messager du bonheur et du mouvement, sous les atours de la mode la plus rock'n'roll psychédélique. Ils adoraient mes cheveux, mes poils, mes chansons, mes vieux jeans, c'étaient les plus sympathiques, ouverts, rieurs, la plupart parlaient couramment français ou anglais. Et il y avait ceux qui trouvaient plus d'avantages dans la fidélité au parti, pour lesquels je représentais l'archétype de la jeunesse bourgeoise décadente, perverse et négligée, dont la seule présence incarnait une menace, tant par la drogue dont j'étais assurément prosélyte, que par mes discours. Dûment inscrits au partidul et auxiliaires zélés de la Securitate, infusant dans leur jus de propagande, ceux-là se limitaient aux stricts rapports de service, ne ratant pas une occasion de dresser un obstacle devant moi ou de me balancer une peau de banane.

L'air de rien, de son bar dont une double porte communicante permettait de voir un bout de la salle de spectacle, Viorel le barman, sous son air accablé de travailleur débordé par sa tâche, ne perdait pas une miette de ce qui se passait sur la scène. Et prenait des notes.

VERTIGES DE LA VIE EN ROUGE

Pourtant, notre pire ennemi dans la saison ne fut pas les collègues espions, ni la police politique, ni les touristes casse-couilles, ce fut l'ennui. L'ennui qui s'installa une fois passé le premier mois d'activité intense.

Le besoin stratégique de devises étrillait sans doute l'inertie bureaucratique, au moins dans cette zone, toujours est-il qu'à ma grande surprise, notre directeur tint ses promesses : en moins d'une semaine, la scène fut construite, la pharmacie déménagée, les rideaux accrochés, les chaises livrées. Nous n'avions plus d'excuse dilatoire, il fallut mettre en place les spectacles, les jeux, les tours de chant, confectionner les costumes, fabriquer les accessoires. Et instaurer une régularité hebdomadaire – tel soir spectacle, tel soir chanson, tel soir jeux –, scandée une fois dans la semaine par la sortie folklorique incluse dans les prestations de l'hôtel. Les touristes montaient dans un car qui les emmenait à un pharaonique restaurant en bois imitation isba des Carpates, où en dégustant un ragoût de chèvre arrosé du lourd vin local et de « zuicka[3] », ils contemplaient la fleur des

---

3 Eau de vie de prune très populaire, qui s'écrit *ţuică*.

danses traditionnelles roumaines que j'avais même trouvées pas si mal, enfin, la première fois. Ils revenaient torchés et contents ; ce jour-là, pour nous, c'était repos.

Mais quand tout fut rodé, que tout tourna, alors que la haute saison commençait, nous n'avions plus d'occupation que le soir, et hormis quelques répétitions avec les pensionnaires, les journées étiraient leurs longues heures vides. Au début, assoiffés de découvertes, nous visitâmes tout ce qui pouvait se visiter à proximité. L'exploration des alentours, des autres hôtels semblables au nôtre, fut vite bouclée, avec tout de même quelques curiosités, comme cet hôtel-tour de douze étages dont seuls les quatre premiers étaient occupés, car une malfaçon à la construction avait rendu impossible l'installation des ascenseurs.

Mais une fois parcourue l'unique rue du village voisin, la visite du supermarché local, conforme à toutes les caricatures des magasins de l'Est que je pourrais lire par la suite, reste encore gravée dans mes neurones. Ça, c'était de l'exotisme !

Si, de l'extérieur, le lieu avait l'apparence d'un supermarché standard, grandes vitrines et grande enseigne, dès l'entrée, on comprenait que l'orgie de consommation n'était pas sa vocation. Une surproduction de chou en conserve, jointe à une pénurie de tous les autres produits, faisait que le supermarché du peuple n'avait que du chou en boîte à proposer, à côté de quelques bouteilles d'un vin mousseux urinaire, de quelques tissus délavés et de quelques jouets poussiéreux. Des boîtes de chou, du sol au plafond, des entassements de boîtes de chou à l'étiquette gris-verdâtre, qui remplissaient la quasi-totalité des rayons, qui débordaient sur le sol, et qu'ils avaient artistiquement empilées pour faire fantaisie, en spirales, en pyramides, en colonnes, fallait bien qu'ils les stockent quelque part.

Leçon de choses n° 1 : dans une société où tout le monde est fonctionnaire, les résultats commerciaux ne constituent pas pour les commerçants une préoccupation prioritaire. L'espèce de kapo en chef moustachue qui trônait en blouse gris-verdâtre derrière le comptoir déployait une amabilité de crapaud dépressif souffrant d'eczéma, ce qui semblait d'ailleurs dans le pays être le cas de tout employé en contact avec le public. Décidée à garder la tête obstinément baissée face à toute tentative de sollicitation saugrenue venant de clients qui auraient pu décemment comprendre que leur seule présence était une faute de goût, le timbre étranger de notre voix la poussa à lever les yeux. Ce qu'elle ne regretta pas, car après avoir découvert mon apparence, elle ne nous lâcha plus du regard, la bouche mi-ouverte tout le temps de notre visite de ce qu'on appellerait aujourd'hui une performance immersive d'art minimal.

Pour nous distraire, il restait la lecture. On n'avait pas amené de livres, c'était déconseillé, source d'embrouilles à la douane. Il restait les bibliothèques populaires. La réelle francophilie roumaine et la communauté latine de langue, alliées à l'immense respect des masses travailleuses pour la Culture avec un C majuscule en bronze de douze mètres de haut, remplissaient certains rayons de livres en français, mais pas n'importe lesquels : les œuvres complètes de Hugo, Balzac, Flaubert, Zola, tenaient compagnie aux traductions françaises de tous les comptes rendus de plénum des congrès du PCR, ainsi qu'à l'intégrale des discours du Conducator traduits sous le haut patronage universitaire de son épouse, la présidente Elena Ceausescu. En se forçant un peu, on replongea dans Balzac et Zola (mais je me demande si certains passages n'étaient pas expurgés).

Quant à la presse, fallait pas y compter. La presse internationale étant interdite, il n'y avait que deux journaux roumains disponibles qui traînaient sur les tables : le quotidien du parti et le quotidien du peuple. Sous une maquette différente, les deux affichaient tous les jours la même une : ce qu'avaient fait la veille le camarade Nicolae Ceausescu et son épouse Elena Ceausescu (inauguration, visite, réception…). Pour trouver plus caricatural en matière de propagande, il fallait aller en Corée du Nord.

On me dit plus tard que c'est au début des années 1970 que Ceausescu, ébloui par un voyage à Pyongyang, avait pris le virage du culte obsessionnel de la personnalité version Kim Il-sung. Ce qui est sûr, c'est que ces années-là marquaient en Roumanie un tournant du régime, qui sonnait le glas de la période timidement libérale qu'avait instaurée précédemment le grand leader, surtout pour faire la nique à Moscou et arracher quelques faveurs à l'Occident. Nos copains roumains nous faisaient des listes comparatives des régressions d'une année sur l'autre, le programme de planification quinquennal était simple et invariable : toujours plus de flics et d'interdictions, toujours moins de nourriture et de confort.

Cette année-là, nous vîmes tous les bars de nuit dans les hôtels, pourtant établissements d'État, brutalement fermer le long de la côte.

Nos réunions privées avec le personnel roumain, tolérées jusque-là, furent désormais interdites. Vers la fin de la saison, les soirées avec public durent s'arrêter à 22 heures[4]. Nous, ça nous arrangeait plutôt, on avait le temps de lire Balzac.

---

4 Et nous n'étions qu'en 1975. Sachant que la courbe descendante s'infléchissait d'année en année, on imagine où en était le pays à la chute du régime en 1989.

LE BLUES DE CONSTANTZA

Poussés par le désir d'évasion, nous entreprîmes de visiter Constantza, grande ville voisine et principal port roumain sur la mer Noire. On se voyait déjà sur les trottoirs animés, en train de boire un verre à une terrasse, loin de notre sinistre hôtel, en regardant passer les citadins pittoresques. Sans se douter que notre innocente virée se muerait en expédition ethnographique. Rien que le voyage dans un des bus ordinaires des transports publics nationaux qui ressemblaient à des trains fantômes de la mort (fortement déconseillés aux touristes occidentaux) releva de l'épopée. Bondé, régulièrement ralenti par des pannes diverses ou des détours du chauffeur qui livrait ici une poule, là une caisse de zuicka, il n'allait guère plus vite que les charrettes à pneus tirées par des chevaux, encore très nombreuses sur les routes roumaines. Une partie de ses passagers était composée d'une meute de jeunes femmes tziganes, qui devaient venir d'un camp voisin, où leurs parents étaient parqués avec une délicatesse institutionnelle, car ici, ils étaient plus nombreux qu'ailleurs et le paradis socialiste ne semblait pas plus les concerner que l'hospitalité capitaliste. Une dizaine de jeunes filles et ados déchaînées, toutes en robe gitane dépenaillée et froufrous mités multicolores comme dans les clichés, sentirent leur excitation monter d'un cran quand elles me virent. Bien sûr, j'avais déjà constaté que mon apparence extérieure, banale à Paris, me condamnait ici à être le centre d'attraction de la curiosité publique hors du périmètre des hôtels, mais là, pour ces condamnées au chapardage, l'intérêt se doublait de concupiscence pour le gadjo bourré de thunes qu'incarnait tout touriste à leurs yeux. Manque de chance pour elles, c'était Cathy, toute discrète, qui portait notre argent dans son sac.

Dans une tornade de rires et de quolibets en romani authentique, je fus immédiatement entouré, cerné, pressé, je compris en deux mots d'anglais qu'elles voulaient absolument m'acheter mon jean, mes pompes, ma ceinture, mon tee-shirt, « *How much ? How much ?* » et par un tourbillon de gestes désordonnés, sous prétexte de tâter les tissus, je sentis quarante mains s'enfoncer au fond de mes poches, en haut en bas devant derrière, en vain puisque je n'avais rien sur moi, se faufiler dans les moindres plis de mes vêtements malgré mes protestations, jusqu'aux coulisses de mon intimité, l'une d'elles commençait à déboucler ma ceinture, je crus qu'elles allaient me désaper pour de bon et s'enfuir avec mes fringues. « Ça devait pas te déplaire », commenta Cathy quand je lui contai les détails, à peine remis de ma frayeur.

Constantza avait connu son heure de gloire au XIXe siècle et jusque dans les années 1930. Port riche et actif, un quartier bourgeois s'y était construit, avec des immeubles haussmanniens, un casino meringue et de larges avenues où s'étalaient boutiques de mode et restaurants chics. La guerre et l'économie planifiée étaient passées par là. Le centre-ville se révélait plus déprimant que les cubes de béton de la banlieue : les immeubles chics étaient en état de décomposition avancée, les boutiques avaient disparu, hormis les magasins d'État, les rues désertes au pavage défoncé n'étaient animées que par le passage d'un trolleybus cacochyme, où se suspendaient des grappes humaines accrochées aux moindres appendices extérieurs, et dont les perches d'alimentation se décrochaient tous les cinquante mètres. Ici comme ailleurs, les rares voitures qui roulaient n'étaient que des Renault 12. Le combinat automobile Dacia avait racheté à Renault la licence de ce modèle et ne fabriquait que lui depuis des années, dans sa version la plus basique[5]. Taxis, utilitaires, voitures de la poste ou de la police : que des Dacia R12. Tout comme celles des particuliers, qu'on voyait stationnées de loin en loin le long des trottoirs déserts, dissimulées sous une bâche grisâtre. Explication : le prix d'une voiture neuve équivalant à dix ans de salaire moyen, l'attente pour les candidats étant de plusieurs années, l'heureux propriétaire ne laissait son véhicule sans surveillance qu'après en avoir démonté tout ce qui pouvait se voler, essuie-glaces, rétroviseurs, antenne, enjoliveurs, et l'avoir recouvert d'une bâche protectrice. Ces voitures, toutes voilées, dans ces rues décaties et vides, ça vous faisait une de ces ambiances ! Bref, désespérant de trouver le moindre havre agréable pour se poser deux secondes, nous arrivâmes vers la mer, où la déclivité du terrain nous donnait une large vue dominante sur le port. Et là, mirage du naufragé, en bas, à quelque distance de l'immense complexe commercialo-industriel hérissé de grues, un joli petit port de pêche. Des voiliers antiques genre vieux gréements amarrés aux quais ; sur la jetée, un alignement

5 D'où, j'imagine, la décision naturelle pour Renault d'absorber la marque roumaine après la chute du régime, dans les années 1990.

de mignonnes maisons basses à croquer, des échoppes multicolores, des magasins, des terrasses à parasols, oui, et, pour autant qu'on pouvait en juger de là-haut, une animation trépidante qui allait et venait. Le voilà, le quartier animé et pittoresque ! Enfin un endroit agréable ! Il fallait bien qu'il y en ait un quelque part ! Même si piège à touristes, on s'en fout, on va pouvoir poser nos fesses et boire un coup en contemplant autre chose qu'une navrante déréliction.

On dévale les ruelles en courant, en volant, mais au fur et à mesure de notre approche, des détails bizarres m'apparaissent. Les terrasses sont toutes vides. Sur les maisonnettes, à travers quelques fenêtres restées ouvertes, je vois le ciel. Et au fur et à mesure que la distance diminue, il se confirme que ce n'est pas une illusion d'optique. La triste réalité éclate avant même que nous atteignions la clôture qui, à l'entrée de la jetée, interdit au public l'accès à ce paradis. Les maisons sont en deux dimensions, toute cette rue n'est qu'un décor, les terrasses des accessoires, les bateaux des reconstitutions, d'ailleurs grossières vues de près, les passants qui se croisent, des machinistes de plateau. J'apprendrai plus tard que par économie, le consortium national de production audiovisuelle a construit ici un décor permanent, polyvalent et modulable, valable pour tout film en costumes, cinéma ou télévision, du Moyen Âge au XIXe siècle.

Plus mes pérégrinations avançaient, plus la réalité ressemblait à *Tintin au pays des Soviets* que moi, fan de base d'Hergé, je détestais, de par son côté bas du cul de grossière propagande anticommuniste.

STARS DE LA CLASSE OUVRIÈRE

Il se trouvait que par une extraordinaire coïncidence, mon copain Corbier[6], encore très loin de Dorothée et de la télé pour mômes, occupait les mêmes fonctions que moi dans une station éloignée d'une trentaine de kilomètres de la nôtre, mais bien plus touristique car dénuée de vocation thérapeutique : la station balnéaire de Mangalia. Pas si extraordinaire que ça, en fait, la coïncidence, puisque, cherchant aussi des cachets alimentaires pour remplir ses étés, et plus vieux que moi dans la carrière, c'est lui qui m'avait sans doute donné l'adresse de mon contorsionniste bipolaire de l'Opéra. Bref, lui rendre visite fit figure de parenthèse multicolore dans notre morne quotidien.

Or, Corbier présentait déjà la silhouette qui accompagnerait sa célébrité quelques années plus tard : très grand, une énorme tignasse de cheveux roux frisés qui encadrait une tout aussi énorme barbe de la même couleur. Déjà, rien que le couple que nous formions tous les deux, lui le grand échalas rouquin, et moi le chimpanzé noiraud, tous deux affublés d'un système pileux plus abondant que celui des

---

6 Que Dieu ait son âme, poil à l'aspartame.

Néandertaliens, constituait pour les touristes un spectacle de la plus haute cocasserie ; pour les Roumains, c'était un choc. Mais Corbier n'avait jamais éprouvé la réaction populaire locale, car il ne sortait jamais de son hôtel.

Voilà qu'avec sa femme Doune, ils nous proposèrent de déjeuner dans une merveille d'imitation occidentale que possédait leur station et pas la nôtre : une pizzeria. Ah, respirer le même fumet que dans nos trattorias préférées du Quartier latin ! Nous déchantâmes quand les ronds de pâte arrivèrent devant nous. La pizza roumaine n'avait en commun avec la pizza romaine que son aspect extérieur, et encore, pas de trop près : une pénurie de tomates avait contraint le pizzaiolul à choisir entre fermer son établissement ou trouver une solution. Il avait alors remplacé la sauce tomate par de la purée de carottes, de loin, c'était un peu la même couleur. Au goût, c'était à peine mangeable. Bref, nous eûmes la mauvaise idée de revenir à l'hôtel de Corbier en passant par le bourg, après tout, nous étions là pour visiter. Notre traversée des rues de la ville entraîna des remous démesurés. Je m'attendais à ce qu'on ne passe pas inaperçus, mais à ce point… Les badauds s'arrêtaient, les riverains appelaient leur famille qui venait se pencher aux fenêtres, le passage d'une girafe et d'un éléphant n'aurait pas été plus remarqué.

Le champ audiovisuel carpatique étant à la télé ce qu'un réverbère est à une guirlande de Noël, le seul artiste barbu-chevelu qui en avait forcé l'entrée était alors Demis Roussos. Singularité, le chanteur grec en surpoids mondialement connu était toléré en Roumanie. Avait-il tapé dans l'œil de la camarade Elena ?

Si les vieux exprimaient leur indignation par des mines offusquées, les jeunes nous saluaient avec de grands sourires : déjà, le passage d'un Demis Roussos relevait de l'événement, mais alors deux pour le même prix, surtout avec ces gabarits, c'était une apothéose. Corbier, de bonne humeur, multipliait les vannes et se bidonnait comme un cachalot, nous marchâmes entourés d'un début d'attroupement, une vraie attraction, dans ces rues où il ne se passait jamais rien. Les camarades multipliaient les manifestations d'amitié, mais pas tous : au milieu des rires et applaudissements, des « Salout' Demis Roussos ! », on entendait des mots qui ressemblaient clairement à des insultes, de plus en plus véhémentes. Au moment où la réflexion m'effleura que peut-être ça allait trop loin, ça ne rata pas. Deux uniformes à casquette se pointèrent. Des flics de base, qu'on appelait là-bas miliciens, et que notre dégaine ne faisait pas rire du tout. Avaient-ils été mandés par les braves citoyens ? C'est qu'un attroupement non prévu sur une voie publique socialiste confinait au risque nucléaire. Surtout provoqué par deux olibrius manifestement sous-marins de la décadence impérialiste. Corbier se marre. Ça leur plaît pas, aux deux pandores, ils nous demandent nos papiers, en roumain dans le texte, mais le mot *identitate* ne laisse pas planer d'ambiguïté. Ils sont cons ou quoi ? Mangalia est une ville touristique, bourrée d'étrangers comme nous, et de travailleurs occidentaux, même si d'apparence plus discrète, et ils devraient savoir que nos papiers sont en possession des réceptions d'hôtel respectives, et qu'on n'a rien sur nous. On essaie de leur expliquer : « Artistul ! Hôtel ! Muzica ! » Oui, ils sont cons. Il y a surtout marqué sur leur képi : « Envie de faire chier deux jeunes crétins capitalistes qui jouent les mariolles ». Ils insistent, d'un ton de plus en plus hargneux, le groupe d'admirateurs a disparu comme par enchantement.

Corbier était comme ça : toujours déconneur, l'œil rieur et l'humeur égale, mais si on le chatouillait, sa colère était proportionnellement aussi spontanée. Après tout, c'est vrai qu'on n'a rien fait de répréhensible, qu'on est dans une zone de loisirs, censément dédiée à la détente et à la bonne humeur pour les visiteurs étrangers, avec tout le bénef pour les autorités nationales. Voilà qu'il se fâche : « Mais qu'est-ce qu'ils nous emmerdent, ces deux Zaporogues ? Oh ! Ça va, camarade ? On travaille pour ton pays, alors tu nous lâches les baskets, tovarechul ! » Les autres comprennent le ton sinon le sens, la nervosité monte d'un cran. Eh quoi, y a deux secondes, on était en pleine rigolade et voilà qu'on est au bord de l'incident diplomatique. Ça pourrait tourner embrouille, ici, il faut pas grand-chose. Comment dit-on « bavure » en roumain ?

Mais la providence est là pour les agents provocateurs de la CIA. Elle prend la forme d'un employé de l'hôtel de Corbier qui reconnaît son quasi-collègue en difficulté et qui intervient. Il doit être responsable de quelque chose car il s'adresse aux deux flics d'un ton conciliant, néanmoins autoritaire. Ça s'engueule un bon bout de temps, on entend des trucs comme « skrwhkjufkbl demis roussos kjodskiaibks », les deux bourrins finissent par lâcher prise et on s'en retourne à l'hôtel. Dommage, cet archange m'a privé d'écrire ici un chapitre haletant sur les prisons du peuple.

MONEY, MONEY

Un jour, je découvris abasourdi que la surveillance constante dont la Securitate accablait les expats n'était pas tout à fait dénuée de fondement. À mon grand dam, les motifs n'en étaient pas grandiosement politiques mais minablement fiduciaires.

Il y avait une monnaie officielle, le « leu » (pluriel « lei »), dont chaque touriste était forcé, en arrivant, d'acquérir une certaine somme en échange de ses belles devises, somme avec laquelle on pouvait se payer le pédalo rouillé, des souvenirs en raphia, les trajets dans des transports en commun qu'aucun touriste n'utilisait, les boîtes de chou, bref, avec les lei, on pouvait acheter tout le reste du pays, mais dans le pays, y avait rien.

En zone touristique existait une sorte de boutiques spéciales – l'une d'entre elles pas plus loin que dans le hall de notre hôtel – dont, au début, nous ne comprenions pas la particularité. Aussi bien achalandées qu'un Monoprix de chez nous, on y trouvait pratiquement de tout, selon les boutiques, de l'alcool américain aux conserves de foie gras, fringues et chaussures de marques, appareils photo, cigarettes anglaises, le tout d'importation occidentale. Pour acheter, c'était très simple, il suffisait de n'être pas roumain et de payer en dollars, marks, francs, mais surtout pas en lei.

Le filon, c'est qu'avant de découvrir cet apartheid commercial, les touristes néophytes s'imaginaient pouvoir acquérir des merveilles en monnaie locale, et donc étaient très demandeurs de lei en débarquant de l'avion, estimant insuffisante la quantité obligatoire du change officiel. C'est là que mes collègues malins constituaient les primes de leur saison : en Europe de l'Ouest, le leu valait à peine son poids de papier, mais pour des raisons que j'ignore, les banques en disposaient en quantité, ne sachant qu'en faire. Aussi, à Bruxelles ou à Paris, mes collègues affranchis achetaient avant leur départ des lei au poids à un prix dérisoire, en remplissaient les planques de leurs valises, de leurs vêtements, voire plus si affinités, et rentraient en Roumanie. Là, ils proposaient des lei l'air de rien, histoire de rendre service à leurs clients touristes, à la moitié du change officiel, et lesdits clients acceptaient en toute confiance et en toute cupidité, l'impossibilité de dépenser cette monnaie en choses raisonnables n'entrant pas dans les clauses du marché. Ce faisant, les petits démerdards risquaient gros, les autorités ne plaisantaient pas, celui qui se faisait pincer était bon pour de la vraie taule prolétarienne, et devait sacrifier un temps et un argent considérables avant d'être expulsé.

Ces audacieux traders estimaient que le risque en valait la bougie car ils doublaient ou triplaient leur salaire saisonnier avec cette combine. Notre collègue hôtesse cachait des liasses de lei à chaque aller-retour dans des paquets de café, denrée d'importation normale pour les employés du tourisme vu qu'il était rare dans le pays, et expliquait à ses clients étonnés par l'odeur de leurs billets que les caissiers roumains buvaient beaucoup de petits noirs. Plus qu'à la sédition bourgeoise, c'était surtout à cette intolérable fuite de devises que les autorités faisaient la chasse, c'était principalement à cause de ce change au noir que les flics ne nous lâchaient pas de l'œil ! Quant aux Roumains qui osaient s'y tremper, n'en parlons pas : sur un simple soupçon, on vit partir une employée roumaine de nos amies menottes aux poignets dans un fourgon de la milice. Ça plombe l'ambiance, des trucs comme ça.

Mais mes collègues n'étaient pas les premiers à la course au bénef : certains touristes roublards ne les avaient pas attendus. Ces braves vacanciers français, dont beaucoup de camarades communistes très orthodoxes et coutumiers du séjour, savaient exploiter la fascination déraisonnable qu'exerçait l'Occident sur le citoyen roumain moyen, surtout en matière de textiles : il était prêt à acheter n'importe quel chiffon, dès l'instant où celui-ci était occidental. Alors, les braves vacanciers français (ou belges, ou allemands…) emportaient dans leurs volumineux bagages bien plus de vêtements que n'en nécessitaient leurs vacances : tous leurs vieux jeans, leurs chemises usées, leurs robes démodées, tout ce qu'on donne maintenant au recyclage d'Emmaüs, ils le revendaient discrètement aux femmes de chambre, garçons d'étage, finançant ainsi une bonne partie de leur voyage.

Moi qui avais du mal à changer un franc en points carambar, ces trafics me dépassaient. Je n'y ai pas mis le doigt. Mais ces découvertes n'étaient qu'une introduction initiatique aux complexités pittoresques de la société collectiviste.

LES KENT

Leçon de choses n° 2 : repoussez la loi de la jungle, elle revient au galop. Dans une économie étatisée, l'économie officielle se doublait toujours d'une économie bis, aussi omniprésente que clandestine, mais à peine : travail bis, salaires bis, commerces bis, et, ingrédient indispensable, monnaie bis.

La viande était dégueulasse, la médecine était nulle, les réparations du garagiste ne tenaient pas. Vouliez-vous avoir une viande normale, une médecine normale, une réparation normale ? Vous donniez au boucher, au médecin, au mécanicien une ou deux cartouches de Kent, et tout allait mieux. Chaque travailleur roumain réservait une part de son travail pour lui-même, qu'il cédait en échange d'autres services : le cordonnier fabriquait deux paires de chaussures pour l'État, et une pour lui, mieux faite, qu'il échangeait au plombier contre l'installation d'un robinet, qui lui-même travaillait deux heures pour l'État, et une pour lui. N'avait-on rien à échanger, on payait avec l'étalon cryptomonétaire accepté partout : la cartouche de Kent. Comment se procurait-on des cartouches de Kent ? Par mille ruses, avec l'aide des touristes compatissants, dans les boutiques spéciales, contre devises sonnantes. Mais pourquoi ne pouvait-on payer directement en devises ? Parce que leur possession était interdite pour les nationaux, alors qu'aucune loi ne prohibait la détention de cigarettes. Pourquoi des Kent ? Pourquoi pas des Marlboro ou des Camel ? Je n'ai jamais su. Les autres cigarettes anglo-américaines marchaient aussi, mais c'est les Kent qui étaient plébiscitées. Comme elles étaient rarement fumées, une cartouche pouvait passer cent fois de main en main avant d'être ouverte, peut-être les Kent se conservaient-elles mieux pour ceux qui se montaient un compte épargne en tabac…

Ici même, à la clinique du grand docteur, tout n'était que trafics, échanges, maquignonnages : les places à la piscine, les piqûres, les massages… tout juste si on ne vendait pas sous le manteau la boue des bains de boue.

Si la surveillance omniprésente en uniforme ou en civil visait les tractations scabreuses, elle ne perdait pas de l'œil non plus les activités contre-révolutionnaires. C'est ainsi que la Securitate a mis le nez dans mes affaires, que je croyais au-dessus de tout soupçon, mais je me trompais. Admirez le paradoxe : moi qui ne touchais à aucun trafic, qui ne me mêlais pas de leur politique intérieure, c'est sur moi que les emmerdements sont tombés.

LA COULEUR DE L'AUTRUCHE

— Dites, monsieur Bruno, qu'est-ce qu'il s'est passé hier soir, dans votre spectacle ?

Ça avait commencé comme ça. Notre directeur m'avait croisé un matin quand on sortait de boire notre café et, l'œil chagrin, m'avait interrogé, sur l'air de quelqu'un qui demande des nouvelles en passant.

— Hier soir ? Dans mon spectacle ? Rien. Pourquoi ?

— Pourtant, des gens se sont plaints. Vous avez changé quelque chose à votre programme ?

— Pas du tout, c'est toujours le même ! m'effarai-je. Plaints ? Plaints de quoi ? Et qui ça ?

— Oh ce n'est certainement pas grand-chose, quelqu'un a dû mal comprendre. Ce n'est pas grave, n'y pensez plus.

Mais ce genre de réflexion est suffisamment rare pour en souligner la singularité. On s'interroge, avec Cathy. Le spectacle d'hier n'avait rien de spécial. C'est vrai que malgré leur teneur répétitive, les sketches présentent parfois quelques variantes, surtout destinées à nous prémunir de la monotonie, on en retire un, on en essaye un autre... Ah oui, effectivement, hier soir on a essayé un gag impunément piqué au spectacle d'un animateur voisin, vu qu'il faisait marrer tout son public et qu'il était facile à faire : l'arrivée d'un touriste à la douane qui se fait fouiller sa valise, dont chaque objet est idéologiquement suspect. Mais ça n'avait rien de sulfureux, juste une mise en boîte superficiellement moqueuse, qui d'ailleurs avait marché du tonnerre de Dieu tant les voyageurs s'y reconnaissaient. C'était du gros pastiche à nez rouge, c'est quand même pas pour ça qu'on nous cherche des noises !

Le lendemain, le directeur nous convoque très officiellement dans son bureau. Il n'est pas seul. Avec lui, un autre fonctionnaire grisonnant, en costume plus sombre, cravaté celui-là, les yeux fuyants derrière d'énormes lunettes, et qui parle aussi couramment français. C'est le directeur de l'unité touristique du secteur, responsable de la dizaine d'hôtels du coin, directeur de notre directeur.

— Sans vouloir vous importuner, me dit-il, aimable et souriant, pouvez-vous me répéter quelle était la teneur de votre spectacle, avant-hier ?

Pareil que d'habitude, qu'on lui décrit, avec juste peut-être en plus une plaisante farce, qui se moquait gentiment des tracasseries douanières, rien de méchant, les Roumains mêmes en rigolent entre eux. D'ailleurs ce même sketch est joué dans un autre hôtel sans que personne n'y trouve à redire.

— Oui, bien sûr, je comprends. Tout ça n'est qu'interprétations personnelles, ce n'est pas grave, tout va s'arranger. Dans quel hôtel est-ce joué aussi, vous dites ? Si vous pouviez me mettre la liste de vos sketches par écrit, juste pour mémoire... Ne vous inquiétez pas, c'est une formalité.

Mais deux jours plus tard, on nous reconvoque. Ils ne sont pas moins de quatre, en costume sombre et cravatés qui entourent notre directeur, grisâtre dans son fauteuil. Vu la coupe des costumes, c'est du beau linge. D'ailleurs, il y a une voiture noire garée devant le porche. Le responsable à grosses lunettes, moins souriant que la veille, nous présente le camarade directeur de la région touristique, directeur du directeur de notre directeur, ainsi que le camarade délégué du ministère du Tourisme ou quelque chose comme ça. Ce coup-ci, on nous demande de nous asseoir. Commençant à baliser devant cet étalage hiérarchique tout nouveau pour nous, on prend place. C'est Grosses Lunettes qui semble parler le mieux français, il garde la parole, tandis que les deux cadres nous toisent comme d'imminents gibiers de goulag.

— Ce n'est pas grave du tout, ne vous faites pas de souci, nous sommes juste un peu embarrassés, commence Grosses Lunettes, toujours très poliment de sa voix onctueuse, en brandissant un papier. Les rapports que le ministère a reçus nécessitent de votre part quelques éclaircissements. Certes, vous avez déjà admis avoir diffamé les fonctionnaires des douanes nationales, mais je vous lis ce que d'honnêtes spectateurs ont témoigné avoir vu dans votre divertissement : un, vous accusez les citoyens de la République socialiste de se livrer à des trafics illégaux, deux, vous accusez les femmes roumaines d'être des prostituées, trois, vous insultez les travailleurs roumains, enfin quatre, vous ridiculisez le drapeau du socialisme.

On reste bouche bée sans répondre. On a fait tout ça, nous ?

— Est-ce vrai ? conclut le fonctionnaire.

Là, faut plus rigoler, pas de deuxième degré qui tienne. Je passe en turbo-véhémence :

— Mais pas du tout ! C'est un tissu de calomnies ! Il n'y a pas un mot de vrai là-dedans ! Qui vous a raconté ça ?

Conciliabule en roumain. C'est le camarade sous-ministre qui prend la parole. Surprise, il parle très bien français aussi, juste avec un terrible accent. Tout le monde parle français ici.

Les trois autres l'écoutent avec une attention respectueuse.

— Nous sommes sûrs qu'il s'agit d'un malentendu, ce n'est pas grave, *domnule* Brrruno, résume-t-il. Nous vous demandons simplement de bien vouloir notifier par écrit la description exacte et détaillée de chaque sketch que vous avez joué ce soir-là. Si vous pouviez nous la communiquer d'ici la fin de la semaine, nous vous en serions reconnaissants, *multumesc*. Ne vous inquiétez pas, tout va s'arranger.

Commence alors pour Cathy et moi un étrange devoir de vacances, auquel il semble difficile d'échapper quelle que soit notre indignation. D'autant que tous les matins, notre directeur s'arrange pour nous croiser :

— Ça avance, votre rapport, monsieur Bruno ? Ne vous en faites pas, c'est pas grave, ça va se calmer.

Et puis nos copains roumains, les plus sympas, qui nous abordent, l'air affolé :

— Qu'est-ce que vous avez déconné l'autre soir ? Trois heures, que j'ai passé à la Securitate ! Ils m'ont interrogé sur vous, sur vos fréquentations, et sur le spectacle de samedi !

Nous apprîmes que tous les employés autochtones en contact avec nous défilaient l'un après l'autre au commissariat local, sans qu'à nous-mêmes personne ne dise rien d'autre que « C'est pas grave ». Ça met une certaine pression. Après avoir dûment prévenu notre collègue hôtesse, histoire qu'elle alerte Paris en cas de disparition brutale, nous voilà devant une feuille blanche, en train de tenter l'exégèse de nos bêtises scéniques :

— Mais comment a-t-on pu insulter le drapeau socialiste ?

On réfléchit. Il n'y a pas le moindre drapeau dans notre spectacle qu'un daltonien aurait pu confondre. On ne trouve que deux drapeaux, ici. Le national, bleu, jaune, rouge avec les armoiries communistes au milieu, et le drapeau du parti, rouge avec faucille et marteau comme partout. C'est alors que j'ai une illumination :

— Les autruches !

C'est notre sketch vedette, classique de l'anim, que j'ai appris au Club : les bras enfilés dans des jambes de collants, dans la main un bout de carton découpé pour faire le bec, deux balles de ping-pong pour les yeux, un drap pour cacher les trois marionnettistes, voilà un chœur de cinq autruches qui chante en playback l'air du toréador de *Carmen* enregistré en accéléré. En ouvrant le bec en synchro aux bons moments, le rapport effet visuel/pauvreté des moyens est irrésistible, explosions de rires à chaque fois, succès garanti.

— Les autruches, et alors ? demande Cathy.

— L'autruche centrale est rouge ! La chanteuse solo ! C'est elle qui fait marrer tout le monde ! À tous les coups, c'est ça !

Cathy reste sceptique mais tout s'enchaîne, dès qu'on baisse très bas le seuil de l'interprétation.

— Les Roumaines prostituées, c'est le sketch du réverbère !

Spot rouge pour l'ambiance. Sur scène, un réverbère en carton, à côté une jeune fille habillée pute ostensible, décolleté, mini-jupe, bas résille, etc. Un type s'approche, lui propose un billet, la fille remue négativement la tête, le type sort deux billets, idem, trois billets, idem, puis sort toute une liasse. La fille accepte, prend les billets, les deux se serrent la main marché conclu, le type se saisit du réverbère et sort de scène avec. Ha ha ha.

Et le sketch des valises : accusation de trafics ; et le sketch des déménageurs : critique du parti ; et le pastiche de Mireille Mathieu : moquerie de Mme la présidente ! Soir après soir, l'autre crétin derrière son bar avait relevé dans les sketches qu'il ne comprenait pas toute notre insidieuse propagande anti-roumaine et anti-parti. Voilà d'où venaient les plaintes ! Nous en eûmes confirmation un peu plus tard. Le gag des douaniers, parfaitement compréhensible, celui-là, avait constitué la goutte de trop, qui bouclait le rapport d'un zélé défenseur du peuple.

Notre longue rédaction décortiqua donc la *vis comica* de nos galéjades dans le détail, avec mode d'emploi pour mal-comprenants. Que se passa-t-il alors ? Notre dissertation fut-elle analysée par des fonctionnaires moins épais que notre barman ouvrier modèle ? Toujours est-il que nous n'eûmes plus aucune nouvelle et que plus personne ne nous conseilla de ne pas nous inquiéter. Même si, chaque soir de spectacle, deux chaises au fond de la salle étaient désormais occupées par deux messieurs en imper gris qui ne riaient jamais, et s'en allaient discrètement après l'extinction des feux. Et si le barman nous tira deux fois plus la gueule devant notre apparente impunité, surtout quand je vins le remercier très poliment d'avoir si bien commenté notre travail à la police, nous n'en vîmes rien, car son indice de tirage de gueule était de toute façon bloqué au niveau le plus haut depuis notre arrivée.

COMMANDANT, ATTENDEZ UNE MINUTE !

Derrière moi, un amoncellement de bagages, une sonorisation publique complète, (à l'époque beaucoup moins compacte que maintenant), ampli, enceintes, pieds de micro, magnétophone, platines, etc., des malles, consciencieusement verrouillées, s'agirait pas qu'elles s'ouvrent dans la soute de l'avion, des valises, bourrées jusqu'à la boursouflure. Mon incompréhension a été aussi forte que mon inquiétude quand l'ordre est tombé de transbahuter notre monceau de paquets de la zone d'enregistrement jusqu'à ce bureau, distant d'une cinquantaine de mètres, où j'ai eu du mal à les faire tenir. Ma compagne et la guide-interprète m'ont aidé à faire les allers-retours – il y a pénurie de chariots –, mais je suis encore en sueur et le cœur battant. Est-ce en rapport avec mes récents démêlés ? Même pas.

Devant moi, un fonctionnaire des douanes penché sur un sous-main moisi où sont étalés nos passeports, nos billets, et notre lettre d'engagement de l'agence. Son costume civil a la même couleur que les murs, un gris-verdâtre omniprésent dans le pays, et avec l'aide du néon grésillant, il semble avoir déteint sur sa peau. Je n'ai pas compris ce que m'a dit la guide, je fais répéter :

— Il dit que tu dois présenter le formulaire 751B de transit temporaire de marchandises.

— Mais je l'ai pas !

— Il dit que tu devais le remplir en arrivant en Roumanie…

— Mais à l'arrivée, ils ne m'ont rien demandé !

— Il dit que ce n'était pas aux autorités de te solliciter, tu aurais dû faire la déclaration de toi-même. Il dit que tu avais tout le temps, pendant les cinq mois de ton séjour.

— Mais on ne m'en a jamais parlé !

Le fonctionnaire marque un certain temps avant de grommeler chacune de ses réponses, ce qui, ajouté à la traduction, rend le dialogue assez lent. J'essaie de protester.

— Et puis ça ne se justifie pas ! Ce ne sont que des objets d'utilité professionnelle que j'ai amenés avec moi et que je ramène chez moi !

— Il dit que tant qu'il n'a pas le formulaire 751B rempli, le matériel reste ici.

— Eh ben qu'il me le donne, son papelard, je vais le remplir tout de suite !

Après un soupir agacé et d'interminables recherches, le préposé sort d'un tiroir une liasse anxiogène gris-verdâtre dont l'en-tête « 751B » est la seule mention que je peux lire vu que le reste est en roumain, et la pose lourdement sur le bureau. Je commence à entrevoir que notre retour à Paris pourrait bien se trouver compromis.

— Il faut remplir toutes les rubriques, précise notre interprète en feuilletant la liasse, et joindre les factures pour toute valeur excédant 1 000 lei.

— Mais c'est impossible, notre avion part dans une heure !

Le fonctionnaire des douanes nous laisse mariner quelques secondes avant de répondre.

— Il dit que ce n'est pas son problème, il ne s'occupe pas du trafic aérien, mais du contrôle des marchandises.

Je passe mentalement en revue le contenu des cartons : tout ce dont a eu besoin un zélé salarié de l'animation pour entraîner risettes et satisfaction chez les touristes clients de son patron français pendant la saison écoulée. Bref, que de la daube, jeux de société à la con, costumes de théâtre miteux, accessoires sportifs bas de gamme, y a que la sono de location qui ait une réelle valeur. Mais mon patron de Paris m'a mille fois recommandé de ramener le tout dûment décompté et en bon état, et son exigence m'apparaît d'un coup bien contingente.

— Bon, voilà ce qu'on va faire : on va prendre l'avion mon amie et moi, avec juste ma guitare et nos affaires personnelles, je lui laisse le matériel en caution, l'agence règlera les formalités en temps et en heure.

La guide traduit, le robot gris-verdâtre lève à peine la tête mais sa tirade est plus longue.

— Il dit qu'il regrette, mais que ça ne va pas être possible. Tu as introduit et détenu illégalement ces articles sur le territoire, tu es en infraction devant la loi de la république socialiste de Roumanie.

L'angoisse de nous voir prisonniers d'un cauchemar à la Kafka fait son apparition. C'est vrai qu'ici tout est possible dans le registre crapoteux. Après cinq mois de boulot dans ce foutu pays, je supporterai pas d'y rester une heure de plus. Même notre guide semble consternée, mais elle s'abstient de tout commentaire.

— Et alors, il se passe quoi ? Je vais en prison ?

— Il ne sait pas, mais tu dois commencer par remplir le formulaire 751B.

À ce moment-là retentit au-delà du couloir l'annonce par haut-parleur du départ prochain du vol gnagnagna en direction de Parisul-Orlyul.

— Notre avion va partir ! On n'a pas le temps !

— Il dit que tu n'as qu'à demander au commandant de bord de retarder un peu son décollage pour t'attendre.

Les usages aéroportuaires relevaient sans doute de la bonne franquette en ce dernier quart du XXe siècle dans cet aéroport secondaire de la mer Noire, peut-être dataient-ils encore des balbutiements de l'Aéropostale, mais à plus de quarante ans de distance, je me revois jouer cette scène impossible, complètement inconcevable de nos jours : sortir du bureau, traverser le bâtiment des douanes, pénétrer sur le tarmac, et me diriger vers le cockpit de l'avion de la Tarom – compagnie nationale roumaine – sans que personne ne s'interpose ni n'élève la moindre objection.

Je vois le pilote derrière la vitre du cockpit, en train de compulser ses plans de vol, un hublot est ouvert, je me mets à gueuler. Le type cherche d'où viennent les cris, baisse la tête et découvre avec sidération cet australopithèque barbu et chevelu qui lui fait de grands gestes sur la piste. Je lui hurle en anglais :

— Je suis un passager de votre vol, j'ai un contretemps à la douane, pouvez-vous décaler votre départ d'une demi-heure, le temps de régler ça ?

Le pilote met un certain moment à me comprendre, et répond en substance :

— Ça va pas la tête ? Retarder un vol international parce que vous avez des problèmes de bagages ? Vous êtes pas bien ? Je ne suis pas un taxi ! Et d'ailleurs qu'est-ce que vous faites là ? Vous n'avez pas le droit de pénétrer sur la piste !

Je me trisse avant d'ajouter d'autres complications. De retour au bureau, mon air calamiteux fait comprendre aux filles que le pilote ne s'est pas montré compréhensif. Mais au sourire en coin de notre zélé serviteur de la classe ouvrière, je devine qu'il le savait d'avance, et qu'il a envoyé le hippy hirsute chercher la clé du champ de tir, la bonne blague. Il va bien en rigoler ce soir, avec ses copains.

En attendant, le haut-parleur appelle les derniers passagers. La situation est bloquée.

C'est sans doute l'annonce qui lui a donné le signal du coup de théâtre. À notre grande surprise, voilà brutalement notre bouddha somnolent branché sur le 380 : lui si hiératique, monument de bureaucratie inébranlable, il saute de sa chaise, et se mue en un tourbillon d'énergie décisionnelle. D'une main, il rassemble nos papiers étalés devant lui, de l'autre, il désigne Cathy, puis moi, puis l'amoncellement, et d'un geste, nous indique de le suivre.

On prend tout ce qu'on peut saisir, et on le suit en courant, après avoir esquissé un au revoir à la guide, qui reste dans le bureau. On passe un nombre de portes que je n'ai pas le temps de compter et on se retrouve dans une grande salle déserte, voisine de l'embarquement. Le fonctionnaire montre un long comptoir, nous fait signe d'y poser notre charge et d'aller chercher le reste, fissa.

On se le fait pas dire deux fois. Quand je reviens du dernier aller-retour, je trouve Cathy en train d'ouvrir les malles et lui de commencer son choix. C'était donc ça. Les cinq mois de notre séjour auraient dû pourtant nous habituer aux coutumes très particulières du socialisme en marche, mais moi qui suis d'une honnêteté maladive, la prévarication me trouvera toujours aussi ingénu.

Il prend maintenant son temps, explore, tâte, estime. Curieusement, il ne choisit pas les gros objets qui coûtent cher comme la sono, peut-être que c'est trop risqué, plutôt les petites bricoles facilement monnayables dans son pays, car produits capiteux de l'Occident : un jeu de badminton par-ci, un jeu de pétanque par-là, mon chapeau de mousquetaire, un masque de plongée, mes gros feutres indélébiles, toutes choses introuvables dans les magasins nationaux... Pour aller plus vite, je lui déballe moi-même des articles, comme un camelot : un ballon de foot avec la marque de l'équipe de France, non ? Un jeu de domino en plastique magnétisé, alors ? Attendez, y a le tapis aussi, avec compteur de points !

Quand il a fini ses courses, il entasse dans un coin son pathétique butin, et revoilà la tornade rouge. D'un geste, il nous intime de remballer le reste.

Ce coup-ci, incroyable, c'est lui qui aide à porter pour accélérer la manœuvre ! On sort sur le tarmac, on se retrouve devant l'avion, ils ont éloigné les passerelles, mais la soute à bagages est encore ouverte. Notre douanier, qui doit être une espèce de chef, se met à gueuler en roumain au bagagiste resté dans la cale. Conciliabule. Il nous fait signe de l'imiter, et il jette nos paquets à la volée comme des ballons de rugby à son compatriote. Deux autres pékins arrivent pour aider à hisser les malles et la sono. Je cours chercher le reste, pendant qu'un des collègues du douanier, qui l'a rejoint avec son tampon dans sa poche, tamponne nos passeports en s'appuyant sur le pneu du train d'atterrissage.

Ils ont remis la passerelle pour nous, l'avion est parti, avec nos brimborions presque au complet. Malgré le soulagement, j'étais encore au bord de la syncope : en une heure, on venait de vivre les moments les plus stressants des films *L'Aveu*, *Midnight Express* et *La déchirure*, qui n'avaient même pas encore été tournés. À 20 ans, un rien vous impressionne.

TRANSFUGE

Quand enfin nos pieds retrouvèrent le sol d'Ile-de-France, j'eus envie d'embrasser le premier panneau de pub 4x3. Moi le publiphobe grincheux, le contempteur du marketing, le lecteur assidu du *Charlie Hebdo* de Cavanna, voilà que j'étais pris d'une frénésie de me vautrer dans les niaiseries multicolores sur lesquelles six mois plus tôt j'aurais vomi. Moi le proto-gauchiste, l'anar informel, certes anti-stalinien mais toujours indulgent pour un parti qui défendait les ouvriers et les pauvres, j'avais envie de crier : « Vive l'argent ! Vive le chapeau haut de forme, le monocle et le gros cigare ! Vive le drapeau américain ! Vive les embouteillages ! Vive les journaux stupides dégoulinants de rouge magenta ! Des couleurs ! Des couleurs, par pitié ! De l'air ! De la musique ! Des fringues folles ! De la fête ! Du champagne ! De l'imagination ! De l'inattendu ! Du Tex Avery ! Du Frank Zappa ! »

Bon, ça n'a pas duré longtemps, je suis vite revenu à des sentiments plus calmes, mais, parti de France avec au fond de la tête la certitude que tout n'était pas à jeter derrière le rideau de fer, que la propagande occidentale – bien réelle, quoique plus insidieuse même si moins grossière – nous prenait aussi pour des billes, et qu'il devait y avoir quand même de bons côtés chez les rouges, je sais pas, une volonté de justice sociale, l'égalité des sexes, la priorité à l'éducation, à la santé, à la science Hortense... je revenais en ayant perdu toute mansuétude pour le système communiste d'État. Oui, ce merveilleux rêve était raté, l'utopie avait sombré dans la purée marronnasse de l'oppression, une domination de clique avait remplacé la domination de classe, l'opium de la religion avait cédé la place à des guignols dont la prolifération portraitisée ressemblait à une invasion de sauterelles. La vie communiste n'était qu'un carcan qui échangeait la prétendue sécurité d'une existence peccamineuse et mortelle d'ennui – quand ce n'était pas de répression – contre l'abandon des libertés fondamentales de l'individu. Orwell avait écrit tout ça dès 1948.

Des années plus tard, j'ai relativisé. Si j'avais constaté de mes yeux que la réalité à l'Est était parfois conforme aux caricatures les plus outrées, ce jugement était celui d'un morveux occidental de 24 balais, qui se forgeait une opinion au ras des pâquerettes de son petit confort, de sa petite sensibilité de bourgeois bien nourri. Bien des choses m'échappaient, qui m'échappent sans doute encore. Même si quarante ans de distance n'ont pas notablement changé les bases de mon jugement, un fait est avéré : si le communisme a échoué à apporter le bonheur sur terre, sa disparition ne l'a pas apporté non plus.

Qui ose prétendre que les voyages forment la jeunesse ? À l'époque, j'avais les réponses, maintenant il ne me reste que les questions.

TUNISIE 1976

Comme elle était loin, la terreur des religieux ! Comme elle était belle, la Tunisie d'alors, joyau du Maghreb, modèle de tolérance et de confiance en l'avenir ! Comme elle s'annonçait bien, notre saison africaine, sous le pouvoir débonnaire d'un Bourguiba déclinant : exotisme, rigolade et bronzage ! Qui aurait pu deviner qu'elle se finirait elle aussi en un festival de cafouillages pourris ?

RÊVES D'ORIENT

Eh oui, on avait rempilé. Une fois remis de leurs traumatismes roumains, les aventuriers de la farandole retrouvèrent leur patron parisien, qu'ils agonirent de reproches à propos de ses turpitudes commerciales, comme ils avaient été eux-mêmes vilipendés par les touristes abusés. Mais, dans le réduit de l'Opéra, une fois que le grand criquet cyclothymique eut extrait ses membres de son bureau-cage de contention, il balaya nos récriminations d'un revers de son interminable main, écarta les bras et arbora un sourire triomphal. L'improbable réussite de sa saison en Roumanie, les lettres de félicitations des clients, les retours en réservations relevaient d'une telle divine surprise qu'il était prêt à tout excuser, expliquer, compenser, réparer pour se faire pardonner. Il accueillait ses jeunes employés prodigues en héros. À grand renfort de gestes grandiloquents et de tirades chaleureuses, il se déclara si satisfait du travail de M. Bruno et de sa compagne qu'il les réengageait sur-le-champ sans discuter pour la saison prochaine ! Mais là, récompense de leurs efforts, rien à voir avec le calvaire bolchevique et ses petits inconvénients ! Un authentique paradis de mer et de soleil : la Tunisie, au parfum de rose et aux oasis de miel !

Moi, j'étais pas très chaud. Paris et ses jambon-beurre-cornichons m'avaient suffisamment manqué pour que je ne veuille pas repartir si vite, je ne me sentais pas de reprendre la peau d'un expatrié. Mais au début du printemps, les nécessités prosaïques de l'existence se remirent à nous griffer les fesses. Le confortable salaire du héron avait été payé sans barguignage, nous permettant de vivre tout le restant de l'année, alors, quand avril arriva, avec l'unique perspective de rechercher encore des petits boulots, nous reprîmes le chemin de l'échoppe de l'Opéra, la tête basse en ce qui me concerne.

Mes réticences à la délocalisation professionnelle furent de nouveau anesthésiées par la curiosité : celle de visiter mon premier pays du Maghreb, de faire mes premiers pas sur la terre africaine, dans le sillage de tout ce que j'avais pu lire sur les mythologies du désert, le romantisme capiteux des dunes et des chameaux, de Loti à Monod, de l'Atlantide au Tintin du *Crabe aux pinces d'or*.

Ce coup-ci, M. Paléologue ne nous avait pas menti. Ensemble harmonieux de petits bâtiments de style arabe dispersés autour d'une vaste piscine et entourés de verdure, l'hôtel, à la hauteur de ses trois étoiles, ne ressortait pas pour une fois de l'ostentation architecturale frelatée. Même les espaces de réception, bar, restaurant, encerclant la piste de danse, aménagés avec sobriété et délicatesse, dégageaient une atmosphère chaleureuse, presque intime. De même, les prestations sportives annoncées n'étaient pas un mirage : en plus d'une hôtesse française empressée, qui assurait l'interface avec l'hôtel comme en Roumanie, l'agence avait engagé un moniteur de sport tunisien.

Le directeur n'avait lui non plus rien à voir avec le fonctionnaire roumain : petit, râblé, grassouillet, souvent vêtu d'une virginale djellaba blanche, ses gros sourcils noirs et son front perpétuellement soucieux s'accompagnaient d'une petite voix douce, qui retenait longtemps les phrases avant de les débiter, grammaticalement impeccables, dans un français au léger accent. Aux moments clés de la journée, quand il croisait ses clients, il tenait entre ses doigts un petit bouquet de jasmin qu'il reniflait machinalement comme les vieux Grecs tripotent leur *komboloi*.

Mais sous son apparente discrétion se cachait un monument d'orgueil que titillait en permanence une susceptibilité à fleur de peau, et dont on ferait un jour les frais. Ses efforts pour atteindre la perfection dans sa toilette, ses gestes, son langage, étaient si tendus qu'il semblait redouter le moindre accroc à même de menacer la façade. Mais pour le moment, il n'était que sourires et sollicitude. Il facilita tout ce qu'il pouvait faciliter de notre installation, et nous présenta à tous les employés, lesquels nous souhaitèrent la bienvenue avec de grandes démonstrations d'amitié.

Les relations avec le personnel tunisien s'annonçaient donc sereines, le montage de la scène et des implantations techniques se révéla d'une simplicité inattendue[7], et quand débarquèrent les touristes à la mi-mai, tout était prêt. Sauf la météo.

La première galère de la saison ne vint pas de l'hôtel mais du ciel. Le temps, imperturbablement beau sur la côte tunisienne à cette période de l'année, avait décidé de tourner à la tragédie. Configuration exceptionnelle, la dépression qui se fixa sur l'est du Maghreb ce printemps-là maintint pendant presque quinze jours un temps de Bretagne : pluie, bruine, brouillards, vents en tempête et températures à l'avenant, au grand désespoir de toute la région qui, déjà, ne vivait que du tourisme. La

7 L'expérience précédente de l'animation-commando-survie en Roumanie nous fut d'un grand secours.

réception, qui se voulait réactive, dut rameuter dans son personnel tout ce qui possédait pulls ou impers à prêter aux vacanciers qui n'avaient pas anticipé leur infortune et dont l'humeur collait au plancher, à l'image du baromètre. Se payer deux semaines de rêve pour trouver le climat de Saint-Quentin, c'était dur de les dérider. Ils savaient bien qu'on n'y pouvait rien, mais ils n'en restaient pas moins fumasses, et les colères explosaient pour la moindre raison.

Faisant résolument face à cette situation d'urgence, nous nous concertâmes avec le moniteur de sport, qui s'appelait Mustapha, et entreprîmes de multiplier les activités abritées, et si possible distrayantes, pour occuper nos pensionnaires et éviter que l'atmosphère ne tourne à l'émeute. Nonobstant le fait que l'établissement, par destination tourné vers le soleil et la mer, offrait peu d'espaces couverts, Mustapha improvisa des séances de gym et des compètes en salle dans le restaurant où on avait poussé les tables, et moi des jeux de société frénétiques, tournois de scrabble haletants et lotos enfiévrés, j'aurais même ouvert des tables de poker clandestin si ça avait pu divertir mes estivants en détresse. J'essayai aussi la musique et les chansons mais le cœur n'y était pas. Et quand je vannais mes touristes grelottants

– « Kenavo ! Bienvenue à Ker Monastir, tournée de thé au chouchen ! » –, je ne recueillais que des sanglots.

Enfin le soleil revint, rendant soudain notre travail beaucoup plus simple.

L'adversité forge les amitiés. Solidaires dans le feu de l'animation d'urgence, nous devînmes copains comme cochons avec Mustapha, d'autant plus à la lettre que se disant athée, il n'avait pas de tabou alimentaire et, sans en abuser, buvait de l'alcool avec aussi peu de scrupules qu'un vacher ardennais. Jeune athlète beau et sympathique, il aimait la fête et la rigolade, et évoluait à quelques années-lumière des rigidités de mœurs de la plupart de ses compatriotes musulmans.

Cette saison si mal commencée aurait dû me servir d'augure. J'étais loin de me douter que c'est par ce Mustapha si jovial que viendraient les emmerdements. Pour la deuxième fois se mit en place la malédiction qui faisait que toutes mes tentatives d'emploi touristique à l'étranger semblaient devoir inéluctablement se finir en embrouilles.

DÉJÀ

Et voilà que Cathy et moi, on se mettait à apprécier ce qui ressemblait à des vacances. Tout était mieux que l'été précédent, la bouffe, le cadre, la clientèle, on commençait à prendre nos aises, à bronzer, à profiter de la piscine, de la plage, des chansons du maître d'hôtel, qui jouait toujours sur son luth une de ses compositions, son tube. Mais nos regards ne s'arrêtaient pas aux cocktails de fruits posés à côté des transats.

Jeune crétin la tête pleine de semoule, travailleur du tourisme, je n'oubliais quand même pas que j'étais français dans un pays qui avait été colonisé par la France et dont l'émancipation n'avait dû d'être si peu sanglante que grâce à l'habileté d'un Bourguiba et de ses compagnons. De-ci de-là dans le pays, surtout dans l'architecture des villes, s'étalaient les traces qu'avait laissées le colonisateur, mais dans les esprits, elles s'estompaient, le français était moins pratiqué, même si toujours présent. Il était difficile de savoir si les jeunes en gardaient ressentiment. En tout cas, les rapports avec nos collègues tunisiens ne semblaient pas plus altérés qu'avec les Belges, les Allemands ou les

Scandinaves, qui composaient une autre part importante de la clientèle.

Dans ce ciel d'azur, on remarquait à peine, tout là-bas au fond, de petits nuages. C'était d'abord, dès qu'on sortait du centre des villes et des zones hôtelières, le niveau de vie extrêmement bas, surtout dans les campagnes, où rien ne semblait avoir bougé depuis l'Antiquité. Puis, dans l'effort que nous faisions pour tenter de frayer avec notre entourage tunisien, ces fractures qui peu à peu apparurent et qui, au premier abord, ne paraissaient relever que d'un décalage culturel, de vénielles différences de mœurs...

L'ordre du jour dans les pays d'Afrique méditerranéenne était alors au socialisme panarabe : parti unique, progrès social, modernité, laïcité, égalité des sexes. Sur ce dernier point, on se disait en se marrant avec Cathy : « Ils ont encore du boulot. » Car si la loi tentait péniblement de modifier les mœurs ancestrales, elle était encore loin d'effleurer la vie quotidienne.

Ceux de nos collègues qui sortaient de la Tunisie profonde, c'est-à-dire des villages agricoles voisins, semblaient avoir du monde féminin une classification bien à eux : d'un côté la Femme arabe, leur mère et leur sœur, qui méritaient un tel « respect » qu'il fallait les enfermer dans un coffre-fort et de l'autre, les femmes européennes, qui étaient toutes des putes, venues là pour se faire baiser. La preuve : seule une lubricité de chienne en chaleur pouvait expliquer un si long voyage pour exhiber sa chair au soleil.

D'où des tentatives de drague aussi agressives que maladroites, et la vigueur avec laquelle ils se faisaient rembarrer la plupart du temps augmentait encore leur rancune. La frustration sexuelle qui semblait ici indissociable de l'environnement masculin, poussait les plus énervés d'entre eux à s'autoriser des frottements qui dégénéraient vite en frictions. Cathy en fit souvent les frais à sa grande exaspération, et pourtant son statut de semi-employée la protégeait un tant soit peu.

Mais la plus mal barrée des ambitions modernistes semblait la laïcité. Nous redécouvrîmes, ébahis, une constante humaine en déclin dans la société d'où on venait, une nébuleuse dont on s'était éloignés depuis notre enfance, à laquelle on ne pensait même plus dans notre milieu tant elle semblait périmée et archaïque : la religion.

Chassez la métaphysique par la porte, elle revient par la fenêtre. Cet opium des temps obscurs que Marx, les sciences et le rock'n'roll paraissaient avoir marginalisé dans les pays développés, renvoyait ici ses vapeurs. On était encore très loin du déferlement intégriste qui allait marquer la planète dans le demi-siècle qui venait. Les tout premiers signes du regain de la piété musulmane, parti pour grandir en un délire fondamentaliste touchant tous les pays de l'Islam, on ne les voyait presque pas. Le foot, omniprésent et frénétique, semblait un exutoire suffisant à la misère sexuelle et économique, et l'assiduité religieuse pas plus astreignante qu'en Espagne ou en Italie du Sud. Mais ces tout premiers frémissements, ils étaient bien là.

Les punaises de mihrab avaient déjà jeté leur dévolu sur quelques bourgs loin de la capitale, entre autres sur deux des joyaux touristiques du pays, Kairouan et El-Djem. À Kairouan, on pouvait voir ça comme normal : haut lieu de l'Islam, ledit joyau était une mosquée, mais à El-Djem, l'amphithéâtre romain n'avait rien de religieux. C'était pourtant de là, de ce Sud profond, qu'étaient parties les premières gesticulations des barbus radicaux. Avant le départ de l'excursion que nous avions projetée, Mustapha nous avait prévenus : ce retour de la bigoterie à croissant de lune ne l'inquiétait pas mais il s'en méfiait, fallait faire attention. De fait, les rues autour du Colisée suintaient une drôle d'ambiance : les cafés hérités de la colonisation avaient fermé, il ne restait que les salons à narguilés, où les femmes étaient interdites. Les rares passantes ? Toutes voilées, alors qu'à Tunis, même à Sousse, c'était plus rare. Les visiteuses étrangères devaient là faire profil bas, pantalons larges et foulards, les visiteurs rester discrets, prendre garde que les objectifs des appareils photo ne dévient pas des vieilles pierres...

On était loin, si loin de savoir comment ça tournerait. Et dans les ruelles désertes de la ville figée dans sa dévotion, où même l'ennui mortel semblait se dissoudre sous un soleil de lave, le jeune crétin la tête pleine de semoule ne faisait que râler contre l'absence d'une terrasse où il rêvait d'une bière bien fraîche. Ces simagrées assommantes ne représentaient pour lui que l'ultime soubresaut d'un culte parti pour décliner, comme les autres.

Le crétin.

LES IDÉES DE GÉNIE ARRIVENT TROP TÔT

La saison s'avançait, tout allait bien, les soirées montées sans problème tournaient à la satisfaction générale, lorsqu'un jour me vint l'idée saugrenue d'organiser un jeu de piste hors les murs, oui, le même qu'on faisait en colonies de vacances quand j'étais mioche, avec équipes, flèches dessinées par terre, messages à décoder, indices à trouver et trésor à ramener.

Fut-ce l'envie de casser la routine, de chatouiller l'imprévu, qui me poussa à tenter ce jeu que je n'avais jamais testé, et qui ne se pratiquait même pas dans les usages de l'animation ?

Mon enthousiasme devant cette lumineuse idée surmonta la perplexité de Cathy. Je me procurai un plan des environs que je complétai en interrogeant les employés qui vivaient dans le coin car le plan ressemblait à une feuille blanche avec deux traits, et crayon à la main, me lançai dans les repérages indispensables. L'hôtel avait comme arrière-pays une campagne aride traversée par la route côtière, qui se partageait entre une espèce de maquis rabougri entrecoupé d'étendues d'eau saumâtre, et quelques hameaux déshérités reliés par des chemins de terre. Parfait pour un jeu de piste, décrétai-je après avoir établi un itinéraire du tonnerre, dont j'avais fixé la longueur à quatre ou cinq kilomètres.

La perspective d'un jeu idiot, jointe à l'idée de découvrir à pied les environs de l'hôtel, amusa malencontreusement suffisamment de touristes pour qu'on puisse constituer trois équipes de concurrents. J'étais ravi du succès, pendant trois jours on ne parla que de ça au restau et au bar, je passai des heures à préparer messages, itinéraires, horaires. La compétition consistait à trouver le plus d'indices possible le long de la piste et à résoudre des énigmes pour découvrir le trésor caché au bout du chemin. En outre, la proclamation et la distribution des prix occuperaient bien une demi-soirée, j'étais gagnant sur deux tableaux. Le jour dit, nous partîmes à trois ou quatre marquer la piste, tandis que derrière nous, les équipes suiveuses attendaient scrupuleusement leur heure de départ, dûment contrôlées par Cathy, promue huissier. On s'apprêtait à une franche rigolade d'ados attardés.

Ce fut une catastrophe. Je jure devant le tribunal du temps qui passe que j'avais vraiment tout prévu et tout bien fait. Que parti avec l'équipe traceuse, je laissai derrière nous les signes les plus évidents, des flèches qu'on ne pouvait rater, des indications claires à chaque carrefour ambigu, des messages rien moins que sibyllins. Mais les trois équipes censées nous suivre étaient-elles menées par des authentiques bras cassés ? Des brêles de l'orientation ? Des handicapés de la jugeote ? Toujours est-il que toutes les trois se perdirent de la manière la plus méthodique qui soit. Et en ces temps qui ignoraient encore le smartphone et le GPS, ça pardonnait pas. Personne ne trouva le trésor (une boîte de Vache qui rit), mais moi, j'y gagnai des cheveux blancs.

N'ayant vu nul concurrent arriver au point de relais convenu après avoir attendu trois heures sous le soleil, je commençai à m'inquiéter. Alors que le jour déclinait, je dus me rendre, la gorge serrée, à l'évidence : je me retrouvais avec vingt-deux touristes disparus que j'avais moi-même envoyés dans la zone de tous les dangers. Je me résolus à retourner à l'hôtel chercher l'aide du personnel mais d'abord de Mustapha, qui, à peine étonné de mes élucubrations, prit les choses en main.

Pendant que j'essayais de lui montrer les chemins possibles sur ma carte fantomatique, le réceptionniste nous fit part d'un coup de téléphone : était-ce normal que des clients se trouvassent isolés dans une infirmerie de campagne à six kilomètres de l'hôtel ? Bon, une équipe de retrouvée. Mustapha envoya un 4x4 pour les ramener. En regardant partir la voiture dans le crépuscule, nous vîmes s'approcher sur la route un groupe de zombies titubants. C'était la deuxième équipe qui rentrait à pied, épuisée et exsangue, précédée par un âne. L'âne était conduit par le villageois hilare qui leur avait montré le chemin, ravi de la péripétie, et il portait sur son dos une des joueuses qui s'était foulé la cheville. Et de deux.

Le concert de reproches et de récriminations qui suivit, à propos des flèches mal placées, des messages illisibles et des codes qu'ils n'avaient pas trouvés, fut interrompu à intervalles réguliers par les marcheurs de la troisième équipe qui rentraient en ordre dispersé, au bord de la consomption. Mais le décompte n'y était pas. Il en manquait une.

À 11 heures du soir, nous étions en train de gueuler dans les marais, armés de lampes de poche pour retrouver la dernière joueuse, et là je ne ricanais plus. Mustapha m'avait raconté les rumeurs sur les exactions de fanatiques musulmans (on n'utilisait même pas encore le mot « intégristes ») qui s'infiltraient de plus en plus vers le nord. Il ne s'était encore rien passé dans le secteur des hôtels, mais il suffisait d'une première fois. Je commençai à m'angoisser pour de bon, je savais que la dernière option à envisager était de prévenir les gendarmes et je voulais retarder ce moment – l'intervention de ces cow-boys des djebels avec leurs gros rangers, c'était complications garanties. Mais où s'était-elle fourrée ? Je la voyais en larmes, les vêtements déchirés, recroquevillée entre les cactus dans un trou d'argile putride, en train d'appeler sa mère tout en tentant de se défendre des rats. À minuit, alors que je me sentais déjà responsable d'un drame, un Arabe vint dire quelques mots à Mustapha. « Il nous demande de le suivre », traduisit ce dernier. Aïe, me dis-je, ça y est, les preneurs d'otage nous amènent à la mechta pour nous communiquer la demande de rançon. Notre guide nous entraîna jusqu'à une bergerie en terre sèche dans un hameau voisin, et quand fut poussée la porte de bois bancale, je pus contempler notre naufragée, vautrée sur des coussins, entourée d'une demi-douzaine de sayidas épanouies, devant une table débordant de thé et de gâteaux. Notre apparition déclencha un fou rire général.

Le lendemain, quand le directeur vint me saluer très poliment et, en tripotant son bouquet de jasmin, usa de mots sucrés et d'euphémismes choisis pour s'étonner de ce qu'il n'osait pas appeler mon inconséquence, je compris qu'il était en train de m'engueuler. Il fut suivi par Mustapha, Cathy, notre collègue hôtesse, qui m'allumèrent avec beaucoup moins de précautions, et à qui je dus promettre de ne plus réitérer ce genre d'initiative. Pff… tout ça pour un innocent jeu de piste.

Ceux qui m'en tinrent le moins rancune furent les victimes elles-mêmes. Car passé quelques jours, elles commencèrent à me reparler de l'épisode en rigolant, en s'attardant sur les détails cocasses. Elles avaient de quoi raconter en rentrant, ces vacances-là leur laisseraient au moins un souvenir épique.

Le désert africain comme terrain de jeu pour riches Occidentaux, les indigènes partenaires involontaires, l'aventure au bout de ses tongs, je venais d'inventer le Paris-Dakar pédestre, formule prometteuse que d'aucuns gâcheront avec leurs bagnoles puantes.

L'ARCHE

Le rituel s'était installé : chaque année, le président de la République tunisienne se rendait pour son anniversaire dans sa ville natale de Monastir, sur la côte. Dans tous les régimes à grand leader, la moindre fête du chef se confond avec celle du pays, et donc l'anniversaire de Bourguiba donnait lieu à des célébrations ferventes le long de la route qui, longeant la mer, le menait de Tunis à Monastir. Route sur laquelle se trouvaient les hôtels de tourisme espacés de quelques kilomètres et parmi eux, celui où je travaillais. Chaque hôtel se devait donc de célébrer le passage du Père de la Nation, et à cette fin, de bâtir sur la route un arc de triomphe provisoire et pavoisé, sous lequel défileraient le Président et sa suite – la splendeur de la construction reflétant le degré de zèle de la direction de l'hôtel et de son personnel dans son culte au grand leader, ça va sans dire. Une sorte de compétition s'était donc établie entre les hôtels voisins et concurrents, à qui construirait le plus bel arc de triomphe pour se faire bien voir du sauveur de la patrie.

Cette année-là, notre directeur à nous avait décidé de faire fort. Il commença à mettre la pression deux semaines avant le passage du cortège, exigeant de ses employés une disponibilité de chaque instant pour préparer au président bien-aimé un hommage inoubliable, tous furent requis, des menuisiers aux femmes de chambre, des cuisiniers aux réceptionnistes, afin d'édifier le monument et de transformer la portion de route devant l'hôtel en un féerique Disneyland de dévotion présidentielle.

On en négligeait le service, les chambres n'étaient plus faites, la bouffe bâclée, mes touristes gueulaient, mais tout le monde était au bord de la route à scier, visser, balayer, planter, racler, briquer. Je revois notre directeur, cavalant sur tous les fronts avec sa djellaba blanche, commandant aux uns aux autres : « Doublez les guirlandes ! Encore des drapeaux ! Plantez les fleurs ici ! » Et même la nuit : pour hisser l'arc de triomphe, il fallait couper la circulation sur cette route fréquentée, et il était hors de question d'y procéder de jour.

L'arc est enfin érigé : un échafaudage de bois et de contreplaqué, à ogives et minarets, couvert de palmes, de drapeaux, de portraits et de guirlandes artistiquement disposés. Mais notre zélé directeur n'a pas l'air content, il tourne dans tous les sens avec sa mine des mauvais jours, hurlant en arabe des tirades hors de ma compréhension. On me traduit : « Pas assez haut. » Il faut surpasser les charlots des hôtels voisins, montrer au Combattant suprême que c'est notre hôtel qui lui voue l'admiration la plus sincère. Le menuisier explique, *asma,* que douze mètres de portée, que matos insuffisant, que manque de temps, que le cortège est prévu pour le lendemain, etc. Le petit Bonaparte de l'industrie hôtelière balaye ces objections, le menuisier hausse les épaules, *Inch'Allah,* et se remet au boulot.

« Il en fait un peu trop », murmuraient dans leur barbe mes copains tunisiens, mais l'heure n'était pas à la contestation, moi-même, je fus courtoisement sollicité pour contribuer à l'ouvrage en expliquant à mes vacanciers l'importance historique du triomphe et du triomphateur.

Enfin l'aube se lève sur l'impressionnant chef-d'œuvre. Les menuisiers ont fait de leur mieux, ils ont rajouté un étage, il est vraiment très haut, la plus haute arche de tous les hôtels de la côte, affirme-t-on. Mais l'heure n'est pas à l'autosatisfaction. Le directeur, encore plus fébrile et césarien, a exigé une répétition générale à 8 heures du matin, tout le personnel en grand uniforme, les cuisiniers en toque, les réceptionnistes en gilet, les femmes de ménage en tablier neuf, vous ici vous là, en rangs et au garde-à-vous au bord de la route, même l'animateur français chevelu est fermement invité à y assister, tu parles, j'allais pas rater ça. Au signal, on répète les applaudissements, la petite fille s'avance avec son compliment et son bouquet, la décapotable présidentielle va s'arrêter là, le président va tendre les bras pour saisir le bouquet, peut-être féliciter le directeur, faire quelques pas… Justement, ça tombe bien pour la répétition, l'usage veut que la sécurité présidentielle pratique une reconnaissance sur le parcours quelques heures avant le cortège, pour vérifier que tout est en ordre, déjà la circulation est interdite, seules des voitures de police, à fond, toutes sirènes et tous gyrophares allumés, arpentent l'asphalte, au loin se profilent les voitures noires de la patrouille du palais.

C'est alors que le désert envoie un doux zéphyr d'air chaud, une petite bourrasque, qui fait gonfler les drapeaux, agite les guirlandes et se prend dans les palmes. Tout le monde étant concentré sur la répétition, je suis le seul à lever des yeux auxquels je ne crois pas : ça balance, ça vacille, c'est pas possible, et soudain la terre s'ouvre, le ciel jette sa foudre, l'édifice s'écroule sur la route dans un fracas d'enfer à cinquante mètres des voitures des super-flics. Deux heures avant le passage du cortège présidentiel.

Ça a failli tourner vinaigre. J'ai bien cru que les types allaient tirer dans le tas sans demander d'explication tant le complot semblait évident dans la paranoïa ambiante. Juste une erreur de timing avait épargné au président un odieux et lâche attentat. Déjà, des flics en civil s'élancent par dizaines dans les hurlements et la poussière soulevée, l'arme au poing, mettant en joue le personnel terrorisé, quelques appels radio déploient le grand jeu, sirènes hurlantes, une nuée de gendarmes, mitraillettes et fusils investissent l'hôtel. Le directeur menotté est traîné dans son bureau. Tous les chefs de service sont interrogés à la hussarde, moi itou. Deux heures suffiront à peine à démêler le malentendu. On dégage la route, on redresse à l'arrache les moignons des poteaux pour y tendre une pauvre banderole rouge et blanche, que ça fasse un peu arc de triomphe quand même, le plus minable de toute la côte, la colère du Père de la Nation va être à la hauteur de l'humiliation.

Mais le Père de la Nation n'a plus la santé pour se mettre en colère. Il n'a plus la santé pour grand-chose d'ailleurs : ça se murmurait depuis quelques années, Bourguiba, déjà gâteux, n'avait que quelques heures de lucidité par jour. Le vrai pouvoir était détenu par son dauphin, Ben Ali, et le souci de son entourage est présentement d'amener l'idole le plus vite possible dans sa résidence : devant notre hôtel comme devant tous les autres, le cortège passe à toute blinde sous les arcs de triomphe, minables ou pas, on a à peine le temps d'entrevoir la silhouette du chef suprême dans une grosse décapotable, momie vautrée sur sa banquette derrière ses lunettes noires, qui ne fait pas un geste, n'a pas un regard, seul un nuage de poussière salue les personnels au garde-à-vous, les petites filles, les zélés directeurs… c'est fini. Loin derrière, un poussif pick-up ralentit pour recueillir les bouquets de fleurs. Après quelques journées d'enquête serrée, le directeur fut lavé de tout soupçon, après tout, ça partait d'une louable intention, il ne fut même pas révoqué, seul le menuisier fut viré. Mais le soir, dès que directeur, policiers, enquêteurs eurent tourné le dos, mes copains tunisiens vérifièrent que personne ne les observait et éclatèrent de rire. Il a fallu attendre quarante ans et les printemps arabes pour qu'on entende à nouveau ce rire-là.

L'ORCHESTRE

Juste avant que la saison n'atteigne son plein régime arriva un orchestre engagé par l'hôtel. C'était un groupe de quatre jeunes branleurs anglais qui venaient de Liverpool, qui ne pensaient qu'à picoler, jouer aux cartes, parler foot et draguer les touristesses. Mais, se montrant dignes de leurs racines, dans la soupe de variétés obligée des répertoires d'hôtels, ils jouaient les Beatles, originaires de la même ville, suffisamment bien pour faire défaillir d'émotion le petit Français poilu, surtout au moment où ils reprenaient à trois voix et a capella le refrain de *I'm a Loser*.

Agrémentés de rafales de « *fuck* » à haute dose, les torrents de vannes qu'ils balançaient du matin au soir avec un terrible accent banlieue *scouse* typique de Liverpool m'inondaient de bonheur. Faisant grâce à eux de considérables progrès en anglais, surtout dans le registre des chansons pornos, des insultes et des jurons, je leur pardonnais leur côté beaufs gouailleurs – allez, *brothers-in-law*, c'est moins grave – que j'attribuais à la spécificité du Merseyside.

Tout étonnés de trouver un fan froggy dans ce trou perdu, ils me donnaient de grandes claques dans le dos, et, entre deux douzaines de bières, ils devinrent nos copains. Quand nous les retrouvions à midi vautrés au bord de la piscine, dans leurs bermudas crados, tout juste émergeant de leur biture de la veille, les hurlements de joie qui accueillaient le « *fuckin' Bruno* » et sa « *jolly good chick* » faisaient sursauter les vacanciers. Et une « *fuckin' lager* » pour fêter ça !

Pour le reste, ils assumaient correctement leur travail, même quand ils étaient torchés, et nous nous partageâmes les soirées en parfaite harmonie : une fois finies mes prouesses, jeu ou spectacle, ils prenaient le relais. Et quand tous les touristes étaient partis se coucher, on dégommait encore quelques canettes en jouant les Beatles à la guitare sèche, ils appréciaient poliment mes efforts quand je chantais Dylan, mais le folk n'était pas leur *cup of tea*. Cette chaleureuse amitié à base de Beatles et de biture se termina dans les embrassades quand fin août, l'échéance de leur contrat les renvoya dans leur Liverpool natal. Ils nous donnèrent leurs adresses, nous implorant dans les larmes de venir les voir pour continuer la fête, là-bas, dans le froid nordique, entre les maisons de John Lennon et de Paul McCartney. Quatre mois plus tard, nous eûmes la calamiteuse idée de les prendre au mot.

Banale histoire : dans les brumes crépusculaires du Lancashire, nos joyeux arsouilles s'étaient métamorphosés. En famille, avec femme et enfants, ils n'étaient plus gouailleurs, tout juste beaufs. D'ailleurs, la musique n'était plus qu'un loisir, pour lequel ils manquaient de temps, devant exercer leurs vrais métiers, qui d'assureur, qui d'agent immobilier, qui de garagiste. Ils n'étaient même plus vraiment copains entre eux, les femmes des uns s'engueulant avec les femmes des autres, et se voyaient rarement tous les quatre. Pour nous non plus, ils n'avaient pas beaucoup de temps d'ailleurs, et passé les exclamations des retrouvailles, nous n'eûmes plus grand-chose à nous dire. S'installa cruellement la sensation d'être là comme des cheveux sur le pudding. Ils nous avaient invités, certes, ils nous hébergeaient, certes, mais on sentait la gêne.

L'esprit des Beatles qui planait sur la ville ne suffit pas à dissiper le cafard poisseux qui nous envahit autour de la télé allumée en permanence, quand le jour chiche de décembre à cette latitude, ajouté à la bruine qui tombait ininterrompue, installait la nuit à 3 heures de l'après-midi. Des fêtes débridées sous le soleil tunisien, ne restait que la coutumière visite vespérale au pub, où l'on ne parlait pas rock, mais foot, où nos hôtes buvaient méthodiquement, femmes d'un côté, hommes de l'autre, et surtout, où ils retrouvaient leurs bruyants partenaires de dominos, jusqu'à la sonnette fatidique qui alors annonçait la fermeture obligatoire à 22 heures. Ressentant de plus en plus pesamment notre irruption déplacée dans leur petite vie de ternes citoyens britanniques, notre départ ressembla à une fuite.

LE CLASH

Par quelque bout qu'on la prenne, l'indépendance d'esprit de notre camarade Mustapha ne cadrait pas avec la mentalité tunisienne de cette époque. Alors que je m'étonnais de ne plus le voir au bar ni au restaurant depuis quelques jours, il nous apprit la consternante raison de ce changement : le directeur lui en avait interdit l'accès. Pourquoi ? Il n'était jamais ivre, ne parlait jamais fort, ni ne provoquait le moindre trouble, se cachait pour boire ou manger pendant le ramadan. Mais il était tunisien. On le savait, les relations privées entre les clients et le personnel local étaient désapprouvées, ici comme dans bien d'autres entreprises touristiques. L'homme de ménage tunisien ne pouvait pas venir boire au bar qu'il nettoyait tous les jours. Je m'indignai : mais Mustapha, c'était pas pareil ! Il participait comme nous à l'animation de l'établissement, comment pouvait-il faire son travail sans avoir des relations individuelles avec les clients ? Las, même en tenant compte de son statut particulier, indirectement payé par un employeur français, il appartenait au personnel de l'hôtel, et le directeur ne pouvait autoriser à l'un ce qu'il interdisait aux autres, nous dit-on. Mais il n'y avait pas que ça. Ce qu'on lui reprochait au fond, c'était d'être trop émancipé, trop décontracté, trop libertaire. L'électron libre devait rentrer dans le rang.

Mustapha lui-même semblait résigné, avec cet accablement fataliste qu'il gardait au moins en commun avec ses compatriotes. Mais nous, non. Qu'est-ce qui nous prit de vouloir enrayer la machine ? Une révolte juvénile ? Un réflexe contestataire qu'on ramenait de Paris ? Ou nos réactions d'écorchés vifs devant toute manifestation trop pesante d'une autorité quelle qu'elle soit ? Toujours est-il que l'énergie de nos 20 ans s'attaqua à la montagne coutumo-économico-politico-religioso-administrative : je partis d'un pas résolu protester solennellement chez le directeur. D'une voix forte et revendicative, je lui signifiai notre refus de sa décision et le sommai de l'annuler s'il voulait que son établissement continuât à fonctionner de manière optimum.

Plus je criais, plus il se racornissait. Il ne répondit pas à mes admonestations. Il prit son air profondément contrarié et ne murmura qu'un « Désolé, c'est le règlement ». J'invectivai de plus belle : la belle affaire ! Un règlement qu'on avait ignoré pendant trois mois, ce soudain et bizarre souci de l'appliquer, alors que la haute saison tirait à sa fin !

Tel était son caractère : au cours de cet échange très sec, il ne montra pas le moindre signe de la rage qui avait dû l'envahir devant ce petit roumi chevelu qui se permettait de lui faire des remontrances. Pas plus une heure plus tard que le lendemain il ne modifia à mon égard sa coutumière politesse, sourire onctueux et bouquet de jasmin. Mais ses représailles n'en seraient que plus diaboliques. Quatre jours après, nous fûmes convoqués à Sousse, non à la direction régionale des Affaires touristiques, mais au bureau local du ministère de l'Intérieur, qui s'occupait des permis de séjour.

Les détenteurs du pouvoir bureaucratique se ressemblent tous sur la terre entière. Un fonctionnaire gris dans un bureau gris nous expliqua que nous n'étions pas en règle. Nous travaillions depuis près de quatre mois en Tunisie et nous n'avions pas de permis de travail. « Ah c'est pour ça ! » rigolai-je. Cette fois, il ne nous prenait pas au dépourvu, nous étions au courant. Cette demande officielle de permis de travail que devait effectivement déposer tout travailleur non tunisien était une fastidieuse corvée, que tous les employés du tourisme repoussaient traditionnellement en fin de saison ; notre collègue hôtesse, les guides allemands ou anglais, jusqu'aux GO du Club Med, tous faisaient la même chose. Cette tolérance tacite était d'usage sur toute la côte, on obtenait les papiers la dernière semaine, parfois même après le départ ! Et au fait, pourquoi nous convoquait-il, nous, et pas nos collègues, exactement dans la même situation ?

Mon laïus laissa le fonctionnaire de glace.

— Je ne vois pas de quelle tolérance vous parlez. Je ne sais qu'une chose : votre visa touristique est dépassé depuis trois mois. Non seulement vous n'avez aucun titre pour résider sur notre territoire, première infraction, mais depuis tout ce temps vous travaillez sans permis, sans même avoir déposé une demande, deuxième infraction. Votre séjour et vos activités en Tunisie sont illégales, et le resteront tant que vous n'aurez pas régularisé la situation. En attendant, vous ne pourrez pas sortir du pays aussi longtemps que votre dossier ne sera pas traité dans nos bureaux.

C'est pas vrai, ça recommence, me dis-je in petto. Nous rentrâmes à l'hôtel accablés. Il nous restait un mois à tirer. Obéré par la perspective de complications infinies avec une administration archaïque et manifestement partie pour nous emmerder, nous, précisément. La simple idée de ne pas pouvoir quitter la Tunisie sans passer par une procédure prenait à mes yeux fatigués la dimension d'une calamité. Nous tînmes un conseil de guerre avec Mustapha et notre collègue hôtesse. Leur opinion était forgée : le responsable de la convocation était évidemment notre directeur, qui avait trouvé là un bon moyen de nous pourrir la vie sans s'impliquer lui-même, et qui allait faire au mieux pour que rien ne s'arrange, tout en continuant à nous sourire.

Loin d'éclaircir les nuages, les démarches que j'entrepris les jours suivants pour trouver une solution administrative ne firent que me révéler l'ampleur de l'embrouille. La situation s'avérait inextricable : tant que j'étais en infraction pour séjour illégal, je ne pouvais pas faire de demande de permis de travail, et tant que je n'avais pas de permis, je restais en infraction. Cruel retour des choses, je me retrouvais, moi, résident désormais clandestin, dans la situation des travailleurs immigrés en France, aux prises avec les coutumières brimades que les autorités françaises réservaient habituellement aux Africains ou Orientaux en situation irrégulière !

Résolus à frapper à toutes les portes, nous commençâmes par le début en rendant visite au consul de France, à Sousse, jeune homme sympathique, à qui nous expliquâmes la manœuvre pernicieuse de notre directeur, la relativité du permis de travail dans le tourisme, etc. D'un air franchement navré, il nous délivra l'information renversante et d'une extraordinaire utilité que, pour éviter les ennuis, nous aurions dû respecter les règles. Et que si nous avions jugé bon de nous en dispenser, il n'avait pas matière à intervenir. Il nous conseilla de nous adresser à notre agence. Je compris qu'un consul n'était payé que pour répéter « Je suis désolé, je ne peux rien pour vous », tout en prodiguant à son infortuné compatriote de la part du gouvernement français ses plus chaleureux souhaits de bonne chance[8].

L'hôtesse informa l'agence du problème par télex tandis que Mustapha se renseignait auprès d'un de ses amis avocat. Cathy n'étant pas officiellement salariée, elle n'avait pas la qualité de travailleuse étrangère et n'avait pas de permis à demander. Si nous tentions de partir tous les deux, on serait coincés au contrôle, mais seule, elle pouvait sortir comme simple touriste. Nous décidâmes que dans un premier

---

8 J'appris en outre par la suite que, secret de polichinelle, la plupart des consuls émargent aux services de renseignements de leurs pays respectifs.

temps, Cathy quitterait le pays l'air de rien, avant que ma situation compliquée ne complique la sienne.

Une disposition administrative destinée à soutenir le tourisme en Tunisie nous facilita grandement les choses : les voyageurs venant d'Europe de l'Ouest pouvaient entrer dans le pays sans passeport, une carte d'identité suffisait. On leur donnait alors un visa touristique sur une feuille volante, qu'il fallait présenter à la sortie du territoire. Mais cette feuille, il pouvait arriver qu'on la perde. Pour les touristes, les douaniers se montraient indulgents, il suffisait de signer un papier déclarant la perte et on pouvait sortir, c'était aussi simple que ça. Mais il fallait la jouer discrète, car le personnel de l'hôtel avait consigne de surveiller les allées et venues, nous informa Mustapha.

Et tout triste, je vis partir ma compagne, bien triste elle-même de me laisser seul dans les griffes d'une impitoyable machine à broyer les crétins moustachus.

Le lendemain de son départ, M. le directeur m'apercevant, vint vers moi avec une expression stupéfaite et chagrine : on lui avait appris que ma délicieuse amie était partie et on ne l'avait pas prévenu ! Pour ce qui était de sa surprise, on ne pouvait nier sa sincérité : il découvrait que sa surveillance n'était pas si efficace que ça. Je redoublai de courtoisie pour exprimer mes regrets, le départ précipité de ma compagne pour raisons de santé l'avait empêchée de faire les adieux qu'elle aurait souhaités à un si attachant responsable d'établissement.

Bien sûr, il n'y avait pas danger de mort, ni même de prison. L'avocat l'avait expliqué : pour que je puisse sortir du pays, notre agence devrait vraisemblablement payer une amende proportionnelle au nombre de jours d'infraction, laquelle pouvait s'avérer considérable. Mais rien que pour fixer le montant de l'amende, avec les comparutions diverses, il pouvait s'écouler plusieurs mois. Sans parler des développements imprévisibles et toujours possibles d'une bureaucratie caricaturale qui, de ce point de vue, n'avait rien à envier à ses voisins du Maghreb.

TOI TOUT SEUL ?

Commença alors une période d'attente, sorte de parenthèse dans le temps, dominée par cette sensation, nouvelle pour moi, d'être un citoyen libre dans un pays dont je ne savais pas quand je pourrais sortir. Entre l'ennui, les démarches administratives vaines, un boulot qui ne m'inspirait plus des masses, et l'automne qui s'installait, je traînais un wagon de lassitude cafardeuse dans l'établissement qui se vidait peu à peu. Pour parfaire l'ambiance, le personnel préparait progressivement la fermeture pour l'hiver, sorte de prologue du film *Shining*. À l'affût des seules nouvelles qui auraient pu faire bouger ma situation, mes risettes sur scène devant un public clairsemé manquaient de conviction, ma guitare restait muette, je n'enviais pas les malchanceux qui avaient choisi l'arrière-saison pour leurs vacances.

Mon brutal célibat n'était pas passé inaperçu. Mais pour ceux de nos collègues qui venaient de la Tunisie profonde, c'est-à-dire du village voisin, c'était une bonne chose, on revenait à l'ordre légitime. Ça les défrisait fortement que Cathy et moi vivions en couple sans être mariés. Depuis notre arrivée, les réflexions n'avaient pas cessé : « Vous dormez ensemble ? Et pourquoi vous êtes pas mariés ? C'est pas bien de vivre dans le péché », etc. – toutes remarques qui auraient pu venir de nos bons catholiques quelques décennies plus tôt. Et pendant toute la saison, Cathy avait dû ramer râler rager à intervalles réguliers pour redresser l'attitude de ceux de nos amis musulmans qui fonctionnaient sur le mode « Je peux te mettre la main au cul puisque t'es pas mariée ». Ceux-là préféraient me voir triste et seul que joyeux et concubin.

Sur la plage, à quelques dizaines de mètres, des gamins du voisinage venaient jouer de temps en temps. Ils regardaient les touristes en maillot de bain avec un mélange d'envie et d'hostilité. S'ils se rapprochaient trop, des gardiens les chassaient en les houspillant. À force de nous voir Cathy et moi, ils nous connaissaient, nous adressaient des signes, de loin, « Bonjour, Moustache ! ». Exorcisant ma déprime par des marches solitaires le long de la mer, il m'arriva de m'éloigner de l'hôtel. L'un d'eux profita de l'occasion.

— Toi tout seul ? Madame partie ?

D'une douzaine d'années, vêtu d'une djellaba en loques, il me semblait l'avoir déjà aperçu, celui-là. Dans mon humeur abyssale, je n'étais pas partant pour une conversation.

— Toi triste parce que madame partie ?

Les gamins en général ne parlaient aux touristes que pour leur vendre quelques pitoyables trucs. Je m'apprêtai à l'en dissuader, mais ce qu'il avait à vendre était d'un autre gabarit.

— Tu veux l'amour avec ma sœur ? Ma sœur plus grande que moi.

Merde alors, j'imaginais pas ce genre de commerce. Pris au dépourvu, je ne réponds pas tout de suite.

— Ma sœur très jolie. Pas chère. Viens avec moi, tu verras.

— Non merci, je ne veux pas rencontrer ta sœur. Je dois rentrer.

J'essaye de me tirer, il me retient par la manche.

— Toi préfères garçons ? Pourtant toi avec fille, non ? Fini ? Toi essayer garçon ? Si toi veux pas ma sœur, toi veux moi ? Pas cher. Moi savoir l'amour.

Je le considérai avec des yeux incrédules, réalisant simultanément que s'il me proposait ça avec tant d'insistance, c'est que certains touristes avaient déjà dû lui dire oui. Me revint en mémoire le bouquin de Gide au Maroc. Peut-être même certains ne venaient que pour ça. Je n'avais jamais envisagé cet aspect des choses. La misère était donc à ce point plus forte que le rigorisme ambiant ? Je revins à l'hôtel plus déprimé que j'en étais parti.

Entre mes allers-retours inutiles dans les bureaux de Sousse, les avis contradictoires de nos copains tunisiens, mais aussi des employés de l'administration, et les consignes foutraques de l'agence à Paris, le sac de nœuds s'épaississait, la situation était bloquée. La seule solution s'imposa : immigré clandestin, il fallait que je sorte clandestinement. Une ou deux semaines avant la fin officielle de la saison, l'hôtesse d'accueil et le moniteur de sport organisèrent donc une opération dont le nom n'était pas encore à la mode dans les romans d'espionnage : l'exfiltration.

LE DÉPART

« Je m'appelle Bruno Léandri, je suis arrivé il y a quinze jours pour deux semaines de vacances avec l'agence de voyages Azur-tours, j'ai perdu mon visa lors d'une excursion. » C'était le texte que je devais dire à la douane, pas un mot de plus ni de moins, je le répétais pour ne pas oublier. Le secret avait été hermétiquement tenu sur mon départ, personne n'était au courant, afin que notre cher ami le directeur ne prévienne pas ses petits copains de l'immigration. Ça avait un côté surréaliste, ce persécuteur qui me saluait tous les jours avec un grand sourire. Il devait guetter les rides des contrariétés sur mon front, je n'allais pas lui donner ce plaisir : je rivalisais d'affabilité. L'hôtesse m'avait coupé les cheveux le matin même, je m'étais habillé comme un vrai touriste en transit, bob et gilet-baroudeur, et pour parfaire le déguisement, je portais un putain de narguilé en mauvais cuivre de trois mètres de haut emballé dans de la cellophane, aussi moche qu'encombrant, souvenir bas de gamme qu'on vendait au souk, avec plein de fausses pierres et de tuyaux colorés. Les hôtesses d'accueil forment une grande famille, et la nôtre avait demandé à une copine-collègue d'un hôtel voisin de m'inscrire en bas de liste dans un vol charter. Séquence thriller, après un détour par la cour des cuisines pour ne pas passer devant la réception, je sortis de l'hôtel caché sous une couverture à l'arrière de la voiture de l'hôtesse, afin que mon départ, avec mon sac et ma nouvelle coupe, n'attire pas l'attention des gardiens au portail. Elle attendit quelques kilomètres avant de me dire d'émerger.

En délicatesse avec les services de l'immigration, je n'étais pas un criminel, et tous nos copains tunisiens estimaient peu probable que mon nom ait été communiqué à la police parmi ceux des ressortissants dont il fallait interdire la sortie du territoire. Mais tout de même, à l'aéroport, après des adieux discrets à notre bienveillante collègue, une fois mêlé aux touristes hilares qui échangeaient leurs souvenirs de vacances, je ne me sentais pas très à l'aise dans mes pataugas. L'enregistrement s'était passé sans problème, mais il restait la police. Les optimistes avaient raison. Quand, le cœur battant la rumba, serrant mon narguilé comme si ça pouvait me porter bonheur, je débitai ma petite histoire au contrôle des papiers, le type me fit remplir une fiche qu'il tamponna après avoir examiné ma carte d'identité, et je me retrouvai, liquéfié de soulagement, assis dans la salle d'embarquement. J'eus du mal à décoller mes mains de la cellophane de mon souvenir stupide, tant la sueur et la crispation les avaient soudées. Dans quelques minutes, j'allais grimper la passerelle de l'avion, la Tunisie était derrière moi, j'allais retrouver Paris, ma compagne et mes copains. Et jeter ce grotesque ustensile dans la première poubelle.

Là, j'ai connu une fois dans ma vie cette seconde dévastatrice par laquelle sont passés tous les fugitifs du monde, quand tout s'effondre alors qu'ils croyaient leur évasion réussie. Le haut-parleur retentit, mais au lieu de l'annonce d'embarquement que tout le monde attendait, ce fut : « Monsieur Léandri Bruno est prié de se présenter au comptoir d'information. » Ça y est, ils m'avaient repéré, j'étais cuit, j'allais me retrouver menottes aux poignets dans un cul-de-basse-fosse.

— Ah c'est vous, me dit une employée, effrayée par ma mine livide. On vous demande au bureau de la police.

Anéanti, je repris en sens inverse le chemin que je venais de parcourir le cœur si léger. Je pensai un moment à prendre un otage en le menaçant avec mon narguilé, afin de détourner l'avion. Retour à la douane, où je trouvai la consœur de notre hôtesse, celle qui m'avait filé le billet, en grande discussion avec un fonctionnaire qui brandissait une liasse de papiers. Je compris que ce qui coinçait n'avait rien à voir avec mes histoires : la liste des passagers du charter Azur-tours à l'arrivée ne correspondait pas à celle des passagers au départ. Mon nom était l'intrus. L'hôtesse tentait d'expliquer ceci cela, mais le flic coupa court : qu'est-ce que je faisais dans ce vol ? me demanda-t-il. Comme je ne savais absolument pas quoi répondre pour ne pas nuire à ma bienfaitrice, je bredouillai n'importe quoi, je sais pas, je comprends pas, en jouant au débile mental. L'énorme dimension de mon bibelot en cuivre hideux me fut d'un précieux secours : qui d'autre qu'un parfait imbécile pouvait s'encombrer d'une telle horreur dans un avion ? Le fonctionnaire débordé, ou énervé par le jeûne – on était en plein ramadan – n'avait manifestement pas de temps à perdre pour rentrer dans des histoires de touristes. D'un signe exaspéré, il me montra la sortie sans aller au fond des choses. Dans son dos, l'hôtesse m'envoya une fugace mimique désolée. Le verre à moitié plein, c'est que je me retrouvais libre sur le trottoir, le verre à moitié vide, c'est que je n'étais pas parti. Je parvins à téléphoner à ma collègue qui vint me chercher, et nous repartîmes vers le sud, elle la mine déconfite, et moi remâchant des pensées lugubres. L'exfiltration avait échoué.

De retour à l'hôtel, je tombai sur le directeur dans le hall.

— Oh ! Vous avez coupé vos cheveux, monsieur Bruno ! Ça vous va bien, aussi, les cheveux courts.

Je lui aurais bien fait bouffer son bouquet de jasmin, à celui-là.

Mon refoulement n'avait apparemment rien à voir avec ma situation irrégulière, mais tout de même, quand on est stressé, on est vulnérable à toutes les paranos. Devant mon air désespéré, le conseil de guerre de mes collègues décida qu'il ne fallait pas se laisser abattre et qu'on devait renouveler l'opération, non par un charter mais par un vol régulier, où les listes de passagers ne sont pas limitatives. Pour les pros du tourisme, qui connaissent tous les correspondants des compagnies à l'aéroport, avoir un billet, c'est facile. Ça tombait bien, dans trois jours, ajouta Mustapha, c'est la fête de la fin du ramadan, l'Aïd. Ce jour-là, l'acuité professionnelle baisse dans tous les domaines, à l'aéroport comme ailleurs, il fallait en profiter.

Mustapha avait raison. Dans l'aéroport quasi désert, mon départ sur un vol d'Air France ne connut pas la moindre anicroche. Je crois que je ne me suis même pas caché dans la voiture pour sortir de l'hôtel, cette fois-ci : le poste des gardiens était vide, la réception était vide, le directeur invisible. J'avais renoncé au bob et au narguilé. À la casquette brune de la douane, je ressortis le baratin sur la perte de mon visa quinze jours avant, avec pour seule appréhension qu'il découvre sur une liste qu'ils m'avaient déjà donné une fiche de sortie. Mais il ne vérifia aucune liste, il se contenta de me tendre un formulaire comme la première fois, et de le tamponner sitôt celui-ci rempli. L'attente jusqu'au moment du décollage fut un peu tendue. Je sursautais au moindre crachotis des haut-parleurs, guettant l'appel fatidique de mon nom. Une fois assis dans l'avion, je redoutais l'apparition de l'uniforme qui allait demander à l'hôtesse le rappel d'un passager. Une fois la passerelle enlevée, je comptai les secondes. Mais pourquoi il démarre pas, ce con ? Et alors que l'avion roulait enfin sur le tarmac pour atteindre la piste d'envol, je me disais qu'un message radio pouvait encore l'arrêter et le renvoyer à l'aire de stationnement. Ce ne fut que lorsque, les réacteurs à fond de leur puissance, les roues vibrèrent sur le bitume jusqu'à atteindre la vitesse de décollage, que je me permis un soupir de soulagement qui a dû faire diminuer mon volume corporel de moitié.

Sur-le-champ, je me promis de ne plus jamais œuvrer dans le tourisme, de ne plus jamais faire d'animation, de ne plus jamais travailler à l'étranger, de ne plus jamais voyager. J'ai tenu parole.

Sauf sur le dernier point.

VIETNAM 1997

Il s'est passé soixante-dix ans entre le jour où mon papa, accoudé au bastingage du paquebot des Messageries maritimes, vit disparaître les quais de Saïgon, et celui où la sandale conquérante de son fils, descendant d'un car de touristes épanouis, toucha le trottoir de Hô Chi Minh-Ville. Que de grincements et d'ahurissements pour retrouver le sillage du fantôme paternel, perdu parmi ceux de l'histoire, à tout jamais errants !

MAGICAL TRAGEDY TOUR

Petit fonctionnaire colonial, mon grand-père s'était installé au Vietnam, qu'on appelait alors « Indochine », avant la Seconde Guerre mondiale, en ces temps où les Corses constituaient une importante partie du contingent administratif dont la France garnissait ses colonies. L'Indochine était divisée en trois provinces : le Tonkin, l'Annam et la Cochinchine. C'est dans cette dernière que mon père était né, à Cholon, faubourg de Saïgon, la capitale. Il avait été au lycée exactement dans les mêmes années que Marguerite Duras, qu'il avait dû croiser dans les couloirs. La perspective de voir de mes yeux ce dont j'avais entendu parler toute mon enfance me fit craquer pour un voyage touristique en famille. Au désir impérieux de mon épouse, je ne pouvais même pas opposer mon refus de retourner dans un pays communiste, le Vietnam de 1997, à l'instar de son voisin chinois, n'ayant plus de communiste que le nom. Donc, va pour le Vietnam.

Et tant qu'à aller au Vietnam, m'étais-je dit, autant se l'enfiler en entier, du nord au sud. Outre mon enfance, tous ces lieux dont les noms avaient été ressassés par les infos pendant toute mon adolescence pour cause de guerre américaine perdue, sonnaient à mes oreilles comme une chanson familière : Haiphong, Hué, Da-Nang, Quan-Tri, le 17ᵉ parallèle…

Pour nous épargner les galères d'un si long voyage dans un pays aux structures touristiques encore incertaines, j'eus le tort d'accepter que l'on parte en voyage organisé. Moi, le relaps du tourisme, j'acceptais de passer de l'autre côté de la barricade. Un petit bus qui trimballe une quinzaine de vacanciers pépères chapeautés par une guide professionnelle, sur un itinéraire balisé, tout prévu à l'avance, me disais-je, on pouvait pas rêver moins aventureux, comme si je mettais des roulettes à mon fauteuil. L'erreur. Pour moi, ce fut un calvaire.

En l'occurrence, l'aventure ne résida pas dans les impondérables du périple, non, elle se glissa dans les effluves infinis et tordus des rapports humains. Déjà handicapé par mon allergie chronique à la vie de groupe, je me trouvai plongé dans la plus profonde intimité, non seulement de toutes les tares propres au tourisme en général, mais des odieux raffinements qu'y ajoutent mes compatriotes. En guise de bons souvenirs, j'en ramenai des bouffées de haine et d'exaspération : tout ce qu'on pouvait voir de beau ou d'intéressant était d'emblée gâché par leur présence, leurs réflexions, leur grégarisme, chaque visite était un cauchemar, chaque repas une épreuve, chaque étape une brimade.

Christian Binet, mon collègue à *Fluide Glacial,* avait sorti quelques années auparavant une BD intitulée *Les Bidochon en voyage organisé.* Ça ne m'avait fait que marrer, alors que ça aurait dû me servir à la fois d'augure et d'avertissement. Je retrouvai dans mon car, aussi petit soit-il, tous les personnages caricaturaux de son album, avec quelques prototypes inédits en prime. Seule différence, dans mon cas, un corps enseignant surreprésenté : la moitié de nos compagnons de route étaient profs. Toute la brochette des spécimens : le vieux prof de maths maniaque, aigri et obsessionnel, que les moindres retards du planning bouleversaient plus que les découvertes du voyage, la prof de gym cheftaine scout voyageuse endurcie, qui nous prenait pour ses élèves et nous rabrouait de même, son mari, qui passait son séjour à comparer les prestations avec celles du séjour précédent, la gogole prof de lettres qui préférait lire son *Guide Bleu* plutôt que regarder la réalité par la fenêtre, et puis, chez les pas-profs, les deux niaiseux trentenaires, célibataires éthérés et bavards insupportables, qui voyageaient ensemble, le rigolo boute-en-train de rigueur toujours la vanne navrante au bord des lèvres, et enfin, pour couronner le tout, le couple d'authentiques réels bidochons pur jus, gros, stupides, hargneux, en gilets baroudeur et couverts d'appareils photo, égotistes hypertrophiés, certifiés démerdards tricolores, toujours au premier rang pour la meilleure place, la meilleure bouffe, la meilleure chambre, et ne parlant que de places, de bouffes et de chambres, tellement parfaits que j'ai failli leur demander des droits d'auteur pour les refiler à mon collègue.

Dès les premières heures, alors que le bus n'était même pas sorti de la banlieue de Hanoï où nous avions atterri, j'entrevis l'ampleur de la cata, je me serais senti plus à l'aise et moins menacé dans une tribu anthropophage amérindienne, une bande de pirates mélanésiens ou de razzieurs yéménites, j'anticipais l'épreuve à venir.

EXTASE CLIMATISÉE

La jeune guide vietnamienne parfaitement francophone, professionnelle endurcie, rompue au touriste de base, savait comment manier son troupeau. Habituée aux conflits entre ses clients pour les causes les plus mesquines, elle avait trouvé la solution la plus simple : le vote. Au moindre désaccord dans l'assistance, on votait.

C'était amusant comme je les commandais télépathiquement : il suffisait que je formule intérieurement une préférence, pour que la majorité préférât l'option contraire. Je rêvais de sentir les odeurs, bonnes ou mauvaises, mais toujours inconnues, que nous traversions sur la route, je rêvais d'éprouver la touffeur tropicale dont m'avait tant parlé mon père. Mais la majorité préférait rouler avec la clim et les fenêtres du car fermées. Je rêvais de m'engloutir dans les paysages asiatiques qui défilaient derrière les vitres et que je voyais pour la première fois de ma vie, les rizières, les jacinthes d'eau, les lotus, les chars tirés par des buffles, les mobylettes avec cinq passagers, les vélos où vacillait une cargaison haute comme une maison de deux étages, bref, des clichés que j'avais parcouru la moitié de la terre pour contempler, mais la majorité préférait rouler stores baissés à cause du soleil. Je rêvais de silence, de calme pour m'imprégner de la subtilité de l'atmosphère vietnamienne, mais la majorité préférait la musique d'ambiance, imitations locales de la variété occidentale la plus poisseuse. Quand le choix, faute de temps, se posait entre la visite du temple et le magasin de souvenirs, la majorité préférait le magasin de souvenirs, entre la montagne où il fallait marcher et la balade en cyclo-pousse rose avec photo à la clé, ils choisissaient tous le cyclo-pousse, même la prof de gym.

Quand, dans le circuit touristique obligé, ils se retrouvaient devant un paysage inoubliable, baie d'Along, calcaires de Ninh Binh, rivière des Parfums, ils comparaient les performances de leur appareil photo avec celui du voisin, le confort de notre car avec celui du car voisin. Quand on visitait un lieu historique, citadelle de Hué, base de Da-Nang, ils parlaient de leur bagnole, des dates des vacances et du catalogue de la Camif, quand on goûtait un plat étrange et exotique, serpent ou buffle, ils parlaient de ce si bon restaurant à Montparnasse où on faisait si bien la blanquette de veau. Des profs. Le sel intellectuel de la terre. J'ai toujours eu un grand respect pour les enseignants. J'étais pas tombé sur les bons.

Dès le troisième jour, mon souci, heureusement en symbiose avec ma femme et mon fils, fut de m'en écarter le plus possible. À chaque étape, on les abandonnait à l'arrivée à l'hôtel, les laissant à leurs manèges à touristes, leurs artisanats authentiques, leurs merveilles-à-ne-pas-rater, et on ne les retrouvait que pour le trajet suivant, prenant aussitôt à leurs yeux (et à ceux de la guide) la dimension d'intolérables snobinards méprisants, ne profitant même pas de ce qu'on avait payé, tant on se la pétait.

PAPA, OÙ T'ES ?

Plus morts que vifs, surtout en ce qui me concernait, nous arrivâmes au terme du voyage, à Saïgon, devenue Hô Chi Minh-Ville depuis la réunification du pays après la victoire du Nord. Enfin, j'y étais. Ils s'étalaient devant moi, ces trottoirs que mon père avait arpentés, son cartable à la main, ces trottoirs dont les indigènes devaient descendre quand ils croisaient un Blanc, me racontait-il le remords dans la voix : « On l'a bien méritée, va, la ratatouille qu'on a prise là-bas ! » La plupart des bâtiments construits par les Français étaient encore intacts. La grande poste, la cathédrale, la gare… Ça donnait d'ailleurs lieu à des courts-circuits spatio-temporels pas piqués des lucioles. Dans certains coins de la ville, où un bâtiment d'architecture bien franchouillarde en meulière années 1930 servait de fond à une place que l'urbaniste de l'époque avait aménagée comme les petites places de la douce France, terrasses, bancs et fontaines, ombragés par de grands arbres, le flash était puissant : nonobstant la chaleur, l'espace de quelques secondes, on avait l'illusion de se trouver dans la banlieue de Saint-Étienne, d'Aix-en-Provence ou de Périgueux.

Seuls les noms des rues avaient changé, mais ils avaient gardé ceux des bienfaiteurs de l'humanité, Pasteur ou Yersin. La rue Catinat devenue rue Dong Khoi, sa fonction urbaine qui avait fait sa célébrité demeurait : rue commerçante principale du centre-ville, elle l'est restée. Je ressentis la même émotion qu'aurait ressentie tout un chacun dans ces circonstances, je voyais ce que mon père avait vu, parcourais ces lieux dont il m'avait tant parlé, d'un autre monde, d'un autre temps. Peut-être, du ciel auquel il ne croyait pas, il voyait son fils lécher les vitrines de la rue Catinat comme il l'avait fait adolescent, contempler la façade choucroutesque de l'hôtel Continental, étudier la carte des glaces du café Givral, qui existait toujours et où il avait dû s'asseoir, relever la laideur insigne de la cathédrale voisine, chef-d'œuvre de banalité – lui, devait la trouver majestueuse.

Touriste, je le fus, mais historiomane, quand j'ajoutai à l'inventaire un apéro vespéral (et très cher) sur le toit de ce même hôtel Continental, sur cette légendaire terrasse qui dominait Saïgon, et où tous les correspondants de guerre – des deux guerres, la française et l'américaine – venaient se bourrer la gueule et collecter les ragots dont serait fait leur prochain article. Lucien Bodard, Jean Lartéguy, Graham Greene, Marguerite Higgins, Jon Swain… Entre chaque gorgée, je me répétais « C'était donc là ». Ça n'a pas fait baisser le prix.

EMBUSCADE À SAÏGON

On avait laissé à l'hôtel notre bande de macareux, tout désemparés de ce quartier libre de quarante-huit heures que le programme leur laissait. Ils ne supportaient pas : la plupart restèrent groupés et se payèrent ensemble la visite bateau de je ne sais quel truc à-ne-pas-rater. Quand nous les retrouvâmes, un grand affolement régnait dans la basse-cour : deux d'entre eux venaient de se faire agresser, juste là, sur le trottoir, devant la porte de l'hôtel ! Et même pas par les loulous à moto qui arrachaient les sacs et les appareils photo, on nous avait prévenus, mais par un mendiant infirme qui avait pété les plombs.

Contrairement aux villes du Nord, la mendicité était alors une activité si consubstantielle au tourisme à Hô Chi Minh-Ville, qu'on nous avait enseigné la méthode pour les déplacements individuels : toujours prévoir, dans une ou plusieurs poches, des petites coupures. La technique des jeunes tapeurs consistant en une pugnacité exceptionnelle, aucun comportement ne pouvait les dissuader, la seule échappatoire était de céder. La modicité des coupures permettant de se débarrasser d'un groupe en une seule fois par une distribution générale, en prenant garde toutefois qu'un second groupe à l'affût et plus nombreux ne surgisse afin de profiter lui aussi de l'aubaine.

Cas rare, on était tombés vers le port sur un mancheur opportuniste très vieux, qui écoutait les touristes avant de les aborder. S'il entendait parler français, il leur sautait dessus :

— Salut mon pote, tu viens de Paname ?

C'était un ancien sous-off de la coloniale, un vrai, il avait ses certificats sur lui et montrait ses tatouages : « À Marilou pour la vie. » Pour mieux prouver ses dires, il en rajoutait dans la gouaille de faubourg, enfin, avec ce que ses 90 ans lui permettaient de se rappeler.

— Oh, je suis dans la merde, mon pote, si tu savais... Le toubib m'a ordonné des médocs et mon morlingue est vide, j'ai pas d'artiche pour les acheter, mon pote.

Les bons Français craquaient pour une aumône plus conséquente. Nous craquâmes.

Mais quelles que soient les circonstances, avaient insisté les guides, donner, aussi peu que ce soit, restait le meilleur moyen d'éviter les ennuis. C'était le couple Bidochon qui s'était fait bousculer : ils avaient négligé la consigne, ou ne l'avaient pas entendue, et s'avisant de la proximité de l'hôtel, avaient refusé l'obole à l'infirme en béquille qui les tarabustait. Devant l'insistance de ce dernier, ils avaient dû avoir un geste maladroit, ou étaient tombés sur un particulièrement teigneux, le mendiant s'était énervé et leur avait coupé le chemin du salut. Comme ils voulaient passer outre, le voyou avait commencé à les taper avec sa béquille en bois à l'ancienne, très lourde, le massacre avait été interrompu par l'intervention du réceptionniste.

Au bord de la syncope, déçus tout de même de n'avoir pas eu le temps de faire une photo, ils n'avaient pas fini de narrer leur tragédie à l'assistance transie, que les deux niaiseux racontèrent la tragédie pire qui leur était arrivée le matin même. Au lieu de la destination convenue, un conducteur de cyclo-pousse les avait emmenés dans un quartier isolé, et les avait rackettés sous la menace d'un couteau, les délestant de tout ce qu'ils portaient sur eux, appareils photo compris. Ils avaient dû rentrer à pied de ces lointains confins, terrorisés, n'osant plus prendre taxi ni moto, et s'étaient perdus plusieurs fois. Avec des frissons d'angoisse rétrospective, tout le monde tomba d'accord pour considérer que la ville était un véritable coupe-gorge que le communisme en déliquescence était incapable de gérer. Et voilà : il suffisait qu'on tourne le dos pour qu'il leur arrive plein de trucs intéressants, la véritable aventure, alors que nous, les snobs, il nous arrivait rien.

LE CAMBOUIS DANS LA JOIE

Lors de je ne sais plus quelle étape, le troupeau s'était arrêté pour déjeuner au restaurant, j'avais préféré marcher seul dans les rues du village. L'œil toujours vaguement intéressé par les bricolages divers, une scène capta mon attention. Un groupe de mécaniciens improvisés réparaient un camion au milieu de la rue principale, l'un allongé dans la terre, les autres accroupis sur leurs chevilles, leur position favorite. Quand on arrivait à les distinguer derrière le compact nuage de fumée noire qui en sortait, on découvrait ces très étranges petits camions russes hors d'âge, au moteur à ciel ouvert, hérités du temps de l'amitié soviétique, et qui, pour les particuliers, constituaient alors le principal utilitaire motorisé du pays. Une énorme mécanique pétaradante, datant du diesel paléolithique, avec un gigantesque volant d'entraînement[9], propulsait deux roues avant, parfois séparées – dans la configuration la plus commune –, parfois accouplées comme sur un tricycle. Le tout tirait un assemblage de rouille cousu de ficelles ou de fil de fer, où

9 Le même moteur était utilisé sur les bateaux vietnamiens.

on distinguait une cabine à trois places et un plateau arrière, bête de somme de toutes les démerdes.

Je m'approchai, l'air de rien. Oh, mais ces jeunes bricolos ne changeaient pas une bougie. C'était du sérieux : ils étaient en train d'éclater la boîte de vitesses, carrément ! Là, sur la chaussée de terre, dans la boue ! De la grosse mécanique ! de la lourde ! je connaissais, du genre impossible si t'as pas un matériel adapté, des outils de précision, un treuil à palan, une fosse de visite ! Ils soufflaient et ahanaient autour de leur pathétique ferraille les tripes à l'air, un essaim de pignons dispersés dans le sable mélangé au cambouis, avec comme seuls outils une pince crocodile usée jusqu'au manche, un tournevis tordu et un jeu de clés de deux clés. Tout le reste était en bambou : leviers de bambou, cric de bambou, palan de bambou. Mais ils avaient l'air d'y connaître un chapitre, les jeunots, sur l'intimité de leur malédiction roulante ! Je me trouvais si fasciné par la scène que je ne remarquai pas les regards hilares découvrant l'intérêt saugrenu de ce touriste à moustaches. Mais trop absorbés par leur tâche, qui devait revêtir une certaine urgence vu qu'ils occupaient la moitié de la rue, ils finirent par m'oublier.

Je suis peut-être resté là une demi-heure, à contempler leur numéro d'acrobatie technologique, moi qui avais du mal à réparer mon vélo, je béais d'admiration devant leur habileté imaginative, leur virtuosité manuelle. Et me voilà soudain inondé d'une incoercible empathie pour ce pays, pour ce peuple, accablé de toutes les épreuves que le malheur pouvait lui envoyer, et qui dans sa misère, dans son dénuement, redoublait d'astuce et d'énergie. J'eus honte de la misérable teneur de mes contrariétés de touriste occidental ! Et en plus, ils étaient beaux ! Pas un gros lard, pas un seul moche dans ces jeunes obstinés ou ces vieillards nerveux. Et ces grappes d'enfants rieurs, tous plus magnifiques les uns que les autres ! et ces jeunes filles, qui sortaient du collège en longue robe blanche, droites comme des cierges sous leur chapeau de latanier, conduisant leur vélo telle une princesse de l'Antiquité son quadrige ! concentrés de grâce, de finesse, d'harmonie ! Moi qui me méfie des généralisations comme du choléra, ne me faisais-je pas avoir par une espèce de racisme à l'envers ?

Un concert d'exclamations interrompit ma rêverie, des rires, des congratulations : les mécanos de la débrouille venaient de parvenir à replacer l'arbre principal de transmission dans son logement. Il ne leur restait plus qu'un millier de pièces à remettre en place et c'était gagné ! Dans leur joie, ils levaient le pouce, se tapaient dans les mains et, tournant vers moi leurs regards triomphateurs, guettaient mon approbation. Je levai le pouce aussi, nous nous quittâmes grands copains. En me retournant, je tombai face à mes profs qui, sortant du restaurant toujours en troupeau, venaient promener par là leur torpeur post-prandiale.

Le groupe presque au complet (les bidochons et les deux niaiseux n'auraient jamais accepté de faire un pas dans la fange populacière) me contemplait, consterné. Je surpris dans les yeux de tous une lueur de commisération devant cet autiste qui préférait s'ébaubir dans les bidouillages graisseux que devant les merveilles recommandées à la fois dans le *Guide Bleu*, le *Routard* et le *Petit Futé*. Alors, considérant tous les sarcasmes dont j'accablais ces pauvres zozos qui ne m'avaient rien fait, je me vis fugitivement plongé dans le célèbre roman de Matheson, *Je suis une légende*, quand le héros à la fin comprend que les monstres qui peuplent désormais la Terre ont peur de lui, l'homme normal. Je devais me résigner : c'était moi le monstre et eux la norme. Cette impression de grande solitude au milieu de mes compatriotes me visite souvent : quand la France joue en finale de la Coupe du monde de foot, par exemple, ou quand je n'aime pas le film coréen *Parasite*…

Quand le circuit fut fini, je me trouvai bouillant d'un sentiment de révolte. Non, je n'allais pas me laisser faire, non, je ne les laisserais pas gâcher mon pèlerinage, oui, j'irai où je veux comme je veux, je visiterai ce que je veux du Vietnam, sans cette chienlit collée au cul, leur laideur ambulante et leurs réflexions ineptes. Ce devint un défi personnel.

C'est à cette mesquine fureur vengeresse que nous dûmes de rejouer une deuxième manche.

LA VOIX DE LEUR MAÎTRE

Pour le retour, deux ans plus tard, j'avais tiré les conclusions de mon handicap social. Plus question de voyage organisé, de visites collectives : on ferait le périple en individuels, décidant nous-mêmes où on irait et ce qu'on verrait. L'employé de l'agence spécialisée à Paris eut une mimique circonspecte. Au Vietnam, en 2000, la conduite automobile était encore si particulière et si dangereuse, que les autorités rechignaient à laisser le volant à des étrangers. Nous savions d'expérience qu'il ne mentait pas, nous avions vu les routes défoncées, couvertes de vélos, de charrettes à buffles, de mobylettes surchargées, que traversaient sans prévenir les galops d'enfants, de chiens ou de volailles. Si on voulait louer une voiture, il fallait obligatoirement se payer les services d'un chauffeur. Puis il regarda l'itinéraire que j'avais projeté, une virée géo-historique dans les confins du Nord : Dien Bien Phu, la frontière chinoise, les montagnes, et enfin Cao Bang, je voulais trimballer ma famille sur la route du désastre de 1950, le long de cette RC4[10],à propos de laquelle j'avais

10 « RC » pour « route coloniale », appellation de l'époque mais qui est restée son nom générique.

lu une bibliothèque. Il pinça de nouveau les lèvres. Sur ce parcours – sauf à Dien Bien Phu où s'égarent quelques touristes français –, les infrastructures hôtelières étaient quasi inexistantes. Pour trouver un hébergement, et même pour expliquer la route à des chauffeurs qui ne parlaient pas un mot d'anglais, il fallait impérativement un interprète vietnamien. Nous nous retrouvâmes avec un guide francophone et un chauffeur, auxquels il fallait payer gîte et couvert, et une voiture conséquemment de cinq places. Liberté, je raque ton nom.

Après les interminables formalités douanières, plus tatillonnes encore pour des voyageurs isolés, la voiture de leurs excellences, un gros et vénérable 4x4 de marque japonaise du temps des shoguns, attendait les seigneurs du Couchant à l'aéroport de Hanoï, et nous rencontrâmes l'équipage stylé et respectueux avec lequel nous devions passer deux semaines. Chemise ouverte sans cravate mais avec veston et chaussures de ville, ils ne firent pas la révérence attendue, mais le guide francophone, un tout jeune homme plutôt belle gueule mèche rebelle et sourire inaltérable, nous accueillit avec de véhémentes démonstrations d'amitié, juste le temps pour nous de découvrir sa francophonie aussi enthousiaste qu'embryonnaire.

Ses exclamations réjouies équilibrèrent le « humpf » de bienvenue dont nous gratifia son collègue chauffeur, du genre taiseux taciturne, en jetant nos bagages dans son coffre. Pour éviter les improvisations fâcheuses, un semblant d'itinéraire avait été convenu à l'avance, mais, nous avait assuré le type de l'agence, nous restions libres de le modifier à tout moment si tel était notre souhait. Il suffisait de dire au chauffeur où nous désirions aller. Pour la première étape, le guide annonça : « Nous pratiquer repos de nuit dans district autonome de urbanisation agricole », il voulait dire dans un village. Toutes fenêtres ouvertes, nous passâmes notre première nuit de touffeur tropicale derrière la moustiquaire, à guetter à l'extérieur les coassements des crapauds-buffles, et à l'intérieur les cris des geckos qui tapissaient les murs de notre chambre. Je soupirais d'aise en tuant les moustiques d'une claque, c'était tellement mieux que la clim.

Le lendemain matin dans la voiture, mon sens de l'observation aiguisé fit deux découvertes : les relations qui s'annonçaient contrastées entre moi et la banquette arrière pour les 1 500 kilomètres de voyage, et les pistes que nous empruntions présentement, qui ne correspondaient pas du tout aux routes dessinées sur ma carte du pays, de fabrication allemande et garantie récente.

Des trois places de la banquette, les deux latérales s'enfonçaient sur des ressorts exténués, et celle du milieu, outre qu'elle n'offrait au regard qu'une portion réduite du paysage, introduisait avec persévérance entre les fesses de son occupant la barre métallique centrale, dont le rembourrage avait depuis longtemps disparu ; les cahots, joints à l'inconfort, envoyaient ledit occupant écraser son voisin de gauche ou de droite. Vu l'état des pistes, et ses répercussions amplifiées sur notre anatomie, s'installa alors entre les trois passagers arrière l'usage tacite d'opérer une rotation à chaque étape.

À mes remarques sur l'état problématique de la banquette arrière, notre guide répondit avec compassion qu'en voiture de luxe de cinq places, c'était la seule disponible, et que les pas-luxe de cinq places se résumaient à des jeeps chinoises, encore plus inconfortables. Pour nous convaincre, il nous fit la visite commentée de notre véhicule et du faste inouï de ses aménagements : des vitres teintées, une radio-cassettes stéréo, une climatisation puissante, et le prouvant aussitôt, il mit à fond clim et sono, et l'habitacle s'emplit d'un air glacial qui sentait l'essence, et de la soupe de variétés vietnamiennes occidentalisées du registre le plus sirupeux, que notre ange tutélaire accompagna d'un sourire d'appréciation extatique.

Ledit sourire se fana un peu quand je l'informai que ma famille et moi-même préférions rouler vitres ouvertes, sans filtre verdâtre, sans clim et sans musique. Un lourd silence s'installa dans la voiture tandis qu'il obtempérait aux ordres de ses seigneurs, maîtres, et employeurs. Je pus enfin me plonger dans la contemplation du paysage. Mais au bout de trois kilomètres, le chauffeur dit « humpf », et son collègue traduisit : « Il dit que rouler fenêtres ouvertes pas possible dangereux insectes entrer et climatisation obligatoire car voiture chaude et lui pas pouvoir conduire chaleur. »

À mes remarques sur le fait que la route que nous empruntions ne semblait pas du tout mener à notre première destination, notre guide expliqua avec un grand naturel que ça, c'était normal : son collègue chauffeur profitait de la voiture pour faire un petit détour par un village particulier, afin d'y acheter un sac de riz d'une qualité exceptionnelle qu'on ne trouvait que là. Et que si nous étions d'accord, nous ferions à cette occasion « étape avec déjeuner prévu à programme dans cuisine alimentation agricole très typique », il voulait dire le restau du coin. Toute trêve étant bienvenue dans les premières escarmouches entre nous, la sono, la clim et la banquette, nous acquiesçâmes. Mais le soupçon m'effleura que si nous n'avions pas acquiescé, c'eût été pareil.

Il n'avait pas menti. La voiture s'arrêta, le chauffeur retira nos bagages du coffre pour charger un sac de quarante kilos de riz, et replaça nos bagages par-dessus.

— Mais quand allez-vous le ramener chez vous ? demandai-je, inquiet d'un autre détour.

— Quand nous revenir Hanoï.

— Dans deux semaines ? Vous allez faire tout le voyage avec ce sac ?

— Oui, répondit le guide avec son grand sourire.

— Humpf, fit le chauffeur.

PANIQUE AU RESTAURANT

Notre jeune mentor nous amena à un boui-boui local et nous installa sur des petites chaises d'enfants en plastique coloré autour d'une table en palette recyclée. Après un conciliabule avec un des membres de la famille qui œuvrait en cuisine, il nous annonça avec des manifestations d'allégresse que « nous beaucoup de chance, ils ont très rare plat de nourriture très somptueux, réservé de privilège à visiteurs honorés et fête tradition ». Sur ce, il partit en cuisine rejoindre son collègue, ils connaissaient le patron. Par bonheur, avant de cuisiner, le chef nous présenta avec beaucoup de sourires et de cérémonie le plat de nourriture très somptueux. Nous écarquillâmes des yeux incrédules : c'était un rat. Pas un rat des villes, s'entend, un rat des champs, genre ragondin, encore pris dans le piège qui l'avait attrapé. D'une voix tremblante qui réfrénait nos hurlements d'épouvante, nous appelâmes le guide au secours.

D'une mimique interloquée, il marqua son incompréhension devant notre désarroi. Le rat était très frais, dit-il, ils venaient de le capturer.

— Très bon, très rare, rôti feu, avec lotus, insista-t-il.

En langage diplomatique que n'eût pas renié Marco Polo, nous déclinâmes l'honneur et demandâmes s'il n'y avait pas autre chose. Si, du canard. Soulagés, nous commandâmes trois plats de canard. La première bouchée dans la viande tiédasse me dit que la mode de la cuisson *al dente* dans les restaus parisiens avait fait des émules lointains qui s'ignoraient. Je laissai ma femme et mon fils aux prises avec les joies du canard cru et décidai quant à moi de jeûner, ça me ferait pas de mal, je visais la ligne du *bodoï* de base.

Le soir, rendus à notre libre arbitre, nous écumâmes le bourg dans une recherche aussi affamée que circonspecte. On était loin de l'animation trépidante de Hanoï, mais quelques ampoules dans une rue déserte nous attirèrent. C'était un autre boui-boui, mais celui-là ressemblait plus à un restaurant, il y avait une vraie salle avec plusieurs tables et de vraies chaises. Le patron sembla aussi ravi qu'étonné d'avoir des clients étrangers et nous tendit avec empressement une carte qui ne nous fut d'aucun secours. Elle était écrite en vietnamien et le patron ne parlait que vietnamien. Il tenta de traduire par signes, mais ses efforts ne percèrent pas notre incompréhension jusqu'au moment où il mima quelque chose qui sautait, avec un gonflement des joues qui soufflait quelque chose comme coa coa. « Des cuisses de grenouille ! » nous exclamâmes-nous. Oui oui, opina le patron ravi, « Flog ! Gle-Nouye ! » Ça, on connaissait, on aimait, à la poêle, avec un peu d'ail, l'eau m'en vint à la bouche.

Un long moment plus tard, trois regards atterrés contemplaient trois grands bols de soupe, remplis d'une sorte de bouillon transparent où flottaient effectivement des cuisses de grenouille, deux par personne, entourées du reste du batracien complet, les deux autres pattes, le ventre, la poitrine, la tête, dont les yeux globuleux nous dévisageaient avec rancune, le tout chirurgicalement coupé. Réprimant un sanglot, nous rentrâmes à l'hôtel manger ce qu'il restait des biscuits de l'avion.

Quand nous remontâmes dans la voiture le lendemain, en plus de la clim triomphante, la sono rétablie débitait de nouveau ses mélodies poisseuses. « En sourdine, précisa aussitôt le guide hilare, qui avait dû réviser ce mot en prévision. Chauffeur pas pouvoir conduire sans accompagnement auditif. »

TRAQUENARD À DIEN BIEN PHU

En sortant du labyrinthe de ferrailles rouillées du musée de la célèbre bataille, gavés de débris martiaux, nous découvrons en face, agrément rare, une terrasse avec tables et chaises semblant attendre les trois ressortissants du pays vaincu. Ça peut pas mieux tomber, on est fatigués, on a envie de pisser, les toilettes du musée étaient hors service, et je me taperais bien une bière fraîche. Ici, la bière, ça manque pas, mais fraîche, ça relève du fantasme. C'est vite vu, de bière, fraîche ou chambrée, ils n'ont pas. Que du Coca tiède. On en trouve partout. C'est à croire que si leur victoire sur les Français leur a donné une demi-patrie, leur victoire sur les Américains n'a servi qu'à inonder le pays de Coca-Cola. Va pour le Coca.

Pour les cafétérias locales, on manque d'expérience, mais on devrait trouver des toilettes. Je les cherche partout autour de la maison, en vain. Me voilà en train d'expliquer au tenancier l'objet de ma quête avec les gestes les plus pudiques possible. Éclair de compréhension, il m'invite à le suivre et m'amène dans l'arrière-salle : c'est la cuisine, il y a trois femmes accroupies en train de hacher des choux à même le sol. Elles me font de grands saluts, mais je ne vois pas de trace de toilettes, il a mal compris. Je réitère mes explications, il insiste, me prend par le bras, me tire au milieu de la pièce et me montre un trou par terre. Juste un trou, entouré d'épluchures de chou, et pas grand. Au centre de la pièce. Même pas un rideau, un paravent, rien. Je regarde autour de moi comme si je cherchais du secours, je le crois pas. Mais si, c'est là, mime le tenancier d'un geste éloquent. Et il se barre. Trois regards féminins braqués sur moi attendent, soulignés par un large sourire. Quelle distraction bienvenue ! Comment va s'y prendre le petit Blanc ? En a-t-il une grosse ? Comme vos maris, péronnelles ! Sauf que vessie bloquée, je n'essaie même pas. Bien eues. Je ressors sous les rires déçus, pour expliquer à mon épouse l'extrême convivialité de leurs toilettes. Mais elle, elle ne peut pas attendre, elle a trop envie. Elle retourne assumer l'hygiène en open space. Avantages, elle sera entre femmes et elle a une longue robe. Tandis qu'elle capte l'attention de son public qui n'en perd pas une miette, j'en profite pour pisser derrière le poulailler.

Quant au champ de bataille, on en a pas vu grand-chose. Pour cause de commémoration, ils étaient en train de le refaire à neuf :

recreuser les tranchées toutes neuves avec des barbelés tout neufs, mouler et empiler des faux sacs de sable en ciment, reconstituer les abris avec de la tôle ondulée en plastique, remonter le sommet de la colline Isabelle que l'érosion avait un peu affaissé, c'était chantier interdit au public. Que n'eût-on fait la même chose à Verdun.

ANGOISSE DANS LA JUNGLE

Vivre le calvaire des soldats français ou des GI dans les calcaires de Coc Xa ou de Hoa Binh, je jure que j'avais pas demandé ça. Mon intérêt pour l'histoire n'allait pas jusqu'à faire mumuse dans les reconstitutions in vivo des batailles des troupes coloniales ou autres, avec copies d'armes et d'uniformes garanties identiques, comme le pratiquent de nos jours certains amateurs en manque de crapahutage.

Pourtant on y était, les uniformes en moins.

Dans une atmosphère de cocotte-minute, on venait d'escalader un de ces mamelons en forme de pain de sucre typique des régions karstiques comme seuls ils savent les faire là-bas, qu'on appelle « calcaires », à cause de leur formation géologique : des pentes à 60° au sol boueux, couvertes d'une végétation inextricable. C'était la énième grimpette dans la gadoue, les fougères et les rochers, à bout de fatigue on était arrivés au col entre deux mamelons, et là, au lieu d'apercevoir le chemin que notre guide avait promis, un autre ravin, et derrière, un autre piton triomphant dressait sa paroi luxuriante.

Avec son imperturbable sourire, il nous informa de ce qu'on voyait aussi bien que lui :

— Là pas chemin. Chemin encore après. Hin hin.

Comme si c'était une bonne blague. Mais je sus discerner à son regard rotatif qu'en dépit de son assurance, il était aussi perplexe que nous. De fait, une escalade et une descente plus loin, il n'y avait toujours pas de chemin.

Quelques heures plus tôt, on visitait le marché de je ne sais plus quelle ville, pour des raisons qui m'échappent, la voiture avait été garée assez loin, on avait parcouru à pied une route charmante pour arriver à ce marché pittoresque, tout à fait à la mesure de ce qu'on voulait voir. On était contents. Qu'est-ce qui me prit, peut-être dans un excès d'allégresse, de demander à notre guide s'il connaissait un autre chemin pour regagner la voiture, à travers la campagne ?

— Oui oui, je connais chemin ! Possible passer par là, dit-il en montrant les pitons qui entouraient la ville.

Effleuré par une légère appréhension, je demandai :

— C'est sûr, vous connaissez ? C'est pas trop loin ?

— Non, non, pas loin, pas loin.

— Combien de temps ? Une heure ? Deux heures ?

— Deux heures.

Bon, ça allait, on ne se lançait pas dans une expédition. Ça avait commencé par un chemin pépère, et d'un coup, notre ami avait obliqué à gauche, en ligne droite, à travers la végétation. Le voyant partir d'un pas si décidé, avec sa chemise blanche et ses chaussures de ville, j'étais persuadé qu'il savait où il allait. Et nous voilà donc sur une pente infernale, où on ne distinguait pas de sentier, je lui fais part de mon étonnement.

— Oui, par là. C'est bon chemin !

Il avait l'air si sûr de lui avec sa mèche baladeuse et son sourire inextinguible. Mais trois heures après, on y était encore, et rien ne laissait entrevoir le bout de l'épreuve. Le spectacle de ma famille haletante et en sueur, couverte de boue tout comme moi, fait monter la pression. Je râle pour de bon : on marche depuis la fin de la matinée, on est épuisés, on a plus d'eau. Je lui demande pour la dixième fois s'il sait vraiment où on est.

Il semble réfléchir, rassembler ses souvenirs. Soudain son visage s'éclaire. A-t-il trouvé la route ? Non, il vient d'apercevoir des paysans qui travaillent une parcelle en pleine jungle.

Il court vers eux, et le soupçon devient certitude : s'il se renseigne, c'est qu'il ne sait pas ! Il revient vers nous, l'air mi-mangue mi-litchi.

— Alors ? C'est par où ?

— Moi pas savoir, moi pas comprendre. Eux pas parler viet, eux parler langue minoritaire.

L'évidence m'accable : notre ami est perdu. Aussi dingue que ça puisse paraître, il ne connaît pas du tout le coin, il est parti en ligne droite à travers jungle, avec une vague notion de la direction ! Est-ce dans son centre de formation aux métiers touristiques qu'on leur a dit d'exaucer à ce point les désirs de leurs clients quoi qu'ils demandent ? Nous voilà au bord de la détresse, sans eau, sans boussole ni carte, ni moyen de se signaler, à s'agripper dans la glaise des calcaires, comme les légionnaires de Bigeard en 1950. Seule différence, on nous tire pas dessus.

J'aurais dû me méfier. Quelques jours avant, comme on avait lourdement insisté sur notre désir de voir la campagne de près, et qu'on lui répétait notre soif de promenade pédestre, notre guide avait parlé au chauffeur, lequel s'était arrêté sur-le-champ. Au milieu de la piste en fond de vallée. À gauche, la jungle, à droite, la jungle. Notre ami était descendu de la voiture, mèche conquérante et sourire enjôleur :

« Promenade, ici. » Et il était parti tout droit sur la pente. Après l'avoir suivi cinquante mètres entre les lianes et les racines, dans une ascension impossible, je m'étais manifesté :

— Eh oh ! Où on va, là ? Y a pas de chemin ! On continue longtemps à grimper comme ça ?

— Moi je sais pas. C'est vous qui dire. Campagne partout comme ça.

On a finalement retrouvé la voiture à la tombée de la nuit, dans un état d'exténuation avancée : un pur hasard, lié à la rencontre d'un autre paysan parlant viet, nous avait fait retomber dans la vallée du départ. Son collègue fumait une clope sans se biler, à peine troublé de nous voir tituber dans le crépuscule, sur les genoux, couverts de gadoue, à jeun depuis le matin et crevant de soif. Et notre sherpa ne valait pas mieux. Vingt ans plus tard, après y avoir longuement réfléchi, je ne sais toujours pas quelle fut dans son comportement la part de zèle idiot, d'abnégation professionnelle, de pure inconséquence ou de volonté perverse et préméditée de donner une leçon à des touristes nantis aux exigences déplacées. Devait-on l'engueuler ou lui dire merci ? On ne saura jamais.

MARCHÉS

Un gros bourg dans les confins du Nord. Ici, ils n'ont apparemment pas reçu la nouvelle que depuis 1990, le communisme à la papa, c'est fini. Le socialisme de marché, officiellement en vigueur dans le pays, n'est pas encore parvenu jusque-là. Rien n'a changé depuis Hô Chi Minh : les rues en terre sont bordées de drapeaux rouges en haut de leur mât, des banderoles un peu délavées barrent les carrefours et les façades des bâtiments. Quand je demande leur traduction à notre guide, faut que j'insiste, il répond avec réticence, comme s'il avait honte.

— « En avant avec audace pour le 5e plan quinquennal. » Pas intéressant.

Les banderoles, on en trouve encore dans toutes les villes du Nord, mais ici, témoin supplémentaire du Conservatoire de la vie en rouge, à chaque coin de rue, un haut-parleur graillonne les slogans du parti entre des plages de musique martiale, on peut pas y échapper, à faire rêver nos actuels jeunes loups de la com.

— Qu'est-ce qu'ils disent ?

— Euh, son très mauvais, difficile comprendre.

— Mais encore ?

— Il y a réunion ce soir au comité populaire, tous camarades attendus.

Derrière les banderoles, un total dénuement. L'école est une grande structure de béton brut, sans menuiseries ni finition, les salles de classe des cubes de béton intégralement vides et nus sauf le tableau noir. Les gosses doivent apporter leur cahier et leur chaise, ces petites chaises en plastique coloré qu'on voit partout – le même modèle genre Grosfillex venu de Chine – et repartir avec, le soir. À chaque sortie, défilé multicolore de petites chaises ambulantes le long des trottoirs, photo photo.

Il y a si peu de touristes ici qu'il n'y a pas d'hôtel. Nos cornacs nous ont prévenus, on couchera au siège local du parti, qui, nouveauté renversante, réserve des chambres aux visiteurs.

Ceci expliquant peut-être cela, nous sommes aux franges des régions où vivent des « ethnies minoritaires », terminologie officielle. Dans les alentours du bourg, on a eu le sentiment d'évoluer au milieu d'une carte postale. Ici, ce sont des Méos, je crois. Ces costumes pétants, ou, au contraire, ces robes et ces turbans d'un bleu profond, aussi foncé que les langues et les dents teintées du bétel mâchonné en permanence, ces bijoux d'argent aussi pur que la beauté de leurs jeunes porteuses, ne sont pas de fête, ils sont de tous les jours. Tiens, un groupe de femmes mûres vient d'aviser notre ado de fils, grand, beau et blond. Elles lui sautent dessus sans aucune vergogne, par signes demandent son âge, son nom, son poids, lui tâtent les cheveux, les muscles, s'extasient de ses dents blanches, quel bon parti, et bourré de pognon occidental, elles le marieraient bien illico. Moi, elles s'en foutent.

Surprise, notre chambre dans le bâtiment du parti – qui sert à la fois de mairie, de caserne et de dispensaire – présente un confort austère mais complet. Lampes, oreillers, douche, tout y est, et fonctionnel, et propre, et même des vraies toilettes. Il n'y manque qu'un réveil, mais c'est superflu : les haut-parleurs explosent à 6 heures du matin avec une marche militaire et les slogans du jour. Tout le monde debout, il est l'heure d'aller bosser dans les rizières ! On me l'avait jamais faite, celle-là ! Nous avons sans doute vécu, hors Corée du Nord, un des derniers lambeaux du communisme en marche.

Un peu plus loin, une ville de montagne, à l'extrême nord, réputée comme départ de treks. On y trouve des touristes occidentaux des deux sexes, balèzes et sportifs – à côté desquels les autochtones font pygmées – du genre jeunes à grosses chaussures et grosses joues rouges, qui parlent fort anglo-saxon, qui partent tôt vers des sommets improbables, et qui boivent tard de la bière vietnamienne avec de grands rires. Le temps est glauque. Un brouillard gris et dense qui tombe en bruine pénétrante et glaciale.

Dans la ville construite en gradins, tout ramène au marché de béton. Il est tenu principalement par des paysans d'ethnies minoritaires – donc –, tous vêtus de bleu nuit, qui, avec le renfort de la brume compacte composent un tableau fuligineux. So pittoresque, mais on n'a pas assez de lumière pour faire des photos. Dans un recoin sombre, qui ajoute son obscurité à la noirceur ambiante, une petite vieille mouillée, tout de bleu couverte, sauf les dents, qu'elle n'a pas bleues, vu qu'elle n'en a plus, de dents, nous frôle. Il semble même qu'elle nous ait touchés au passage, pour attirer notre attention. Que veut-elle ? La manche ? Non, au contraire c'est elle, avec des coups d'œil furtifs aux alentours, qui veut nous donner quelque chose, des petits sachets. On regarde mieux dans l'ombre, ils contiennent de la poudre blanche. On met un certain temps à comprendre les chuchotements à peine perceptibles qui sortent de sa bouche, on penche la tête.

— *Very good, very cheap.*

Elle répète plusieurs fois et pousse les sachets sur notre poitrine, presque agressive, comme s'il s'agissait d'une formalité obligatoire. Notre refus semble la consterner, mais on n'a pas le temps de relever les yeux qu'elle a déjà disparu. Voilà où les jeunes Blancs trouvent leurs fortifiants pour partir en trek !

BIENVENUE À ZOMBIELAND

Passé les déconvenues du premier jour, nos relations avec la gastronomie vietnamienne s'apaisèrent, ayant trouvé dans les restaurants suivants une cuisine plus assimilable par des gosiers européens. Finalement, leurs usages alimentaires recoupaient les nôtres, ceux d'un lointain passé, dont on avait un peu connu l'écho dans notre enfance, principe d'économie d'une vie difficile : tout ce qui était mangeable était mangé. D'où les rats, d'où les grenouilles, d'où les accommodements savants des nourritures les plus improbables. C'était même souvent très bon, parfois étrange, toujours intéressant. Mais il en est de la nourriture comme de la musique, l'exotisme, on s'en lasse : au bout d'un certain délai, après une ou deux touristas, notre bienveillance pour les saveurs indochinoises décrut, et arriva le moment où nous ne pûmes plus supporter la perspective d'un plat asiatique, ses fragrances corsées ou ses fumets subtils, même le riz blanc nous trouvait méfiants.

Le moment précis de saturation survint un soir, simultanément pour nous trois, devant une table débordante de plats, destinée aux uniques clients que nous étions, dans un grand palace quasi abandonné.

Tuyen Quang, trou perdu dont le nom serait tombé dans les oubliettes de l'histoire si on ne le trouvait pas au détour de l'hymne de la Légion étrangère, *Tiens, voilà du boudin*[11], est une capitale de province qui se situait par hasard sur notre itinéraire, et qui a dû voir son dernier touriste avant le siège des légionnaires en 1885. Là, comme dans d'autres villes, le parti avait fait bâtir dans les années 1970 un hôtel modèle, destiné aux cadres et aux camarades méritants, pour montrer comment le socialisme victorieux maîtrisait le béton, les baies vitrées et la modernité opulente, mieux que l'impérialisme américain. Mais l'établissement n'avait manifestement jamais connu la fréquentation qu'on attendait, éloigné des chemins touristiques, le socialisme de marché ne lui avait pas donné une seconde vie. Les chromes de mauvaise qualité s'étaient oxydés, les baies vitrées s'étaient fendues, les ascenseurs avaient rendu l'âme, toute idée de réparation semblait abandonnée, et, sans doute par souci d'économie, seule une ampoule sur quatre éclairait les moquettes en lambeaux. Pourquoi n'avait-il pas fermé ? Certainement parce que

---

11 « Au Tonkin, la Légion immorteeeelleu /
À Tuyen Quang illustraaa notre drapeau. »

nul n'aurait su que faire des dizaines d'employés qui y continuaient une imperturbable routine.

Mais c'est en pénétrant dans ce hall surdimensionné, seuls clients de cette coquille vide, en regardant notre guide parler à un réceptionniste à l'uniforme élimé, en écoutant l'écho des voix se répercuter sous les lustres décatis qui avaient jadis voulu incarner l'avant-garde de l'audace moderniste, en suivant une femme de chambre à la blouse trouée, c'est en m'imprégnant de l'odeur des couloirs obscurs, c'est en découvrant notre chambre dont une vitre cassée était réparée par un carton, que ce qui avait toutes les apparences d'une désolante étape s'éleva à la stature d'un décor de récit fantastique. Tout, ces rideaux qui pendouillaient, ce personnel pléthorique qui n'était là que pour nous et qui s'effaçait à chaque tournant, ces slogans du régime collés sur fond rouge où il manquait des lettres, ce gigantesque escalier qui menait à une salle de congrès condamnée, donnait à ce lieu fantomatique la dimension d'un monde disparu, d'un début de roman SF hors du temps. Je m'attendais à voir surgir le général Giap entouré de ses défunts officiers en grands uniformes, invités à un banquet de l'élite du parti. Notre guide semblait s'être esquivé le plus vite possible, comme s'il voulait fuir ce bâtiment maudit.

Le soir, dans l'immense salle de restaurant, un unique lustre éclairait une unique table entourée de trois chaises, au milieu des silhouettes de dizaines de tables vides et sombres. Un maître d'hôtel, et deux serveuses se précipitèrent pour nous avancer les sièges. Le moindre grincement-tintement résonnait sous la voûte de béton, mes mains se posèrent sur la surface d'une éponge : la nappe blanche et les serviettes étaient mouillées. Sans doute venaient-ils de les laver, et, dans la moiteur tropicale des 35 °C ambiants qu'une espèce de climatiseur aussi bruyant qu'inopérant semblait réchauffer encore, elles ne séchaient pas. Après un long silence que nous n'osions pas rompre, le service commença.

Le personnel en cuisine devait être tout aussi pléthorique, car jamais aucun restaurant ne nous avait gratifiés d'une telle abondance. On se serait contentés ce jour-là d'un bol de riz, mais des dizaines de plats arrivaient, et jolis, et bien présentés, et appétissants. Enfin, appétissants pour n'importe qui d'autre que nous. Nous goûtâmes du bout des lèvres aux deux premiers, et plus la table se couvrait de mets, plus notre appétit s'étiolait, nous accueillions d'un regard consterné ce qui aurait dû nous remplir de gratitude. C'était douloureux : nous ne pouvions rien manger, et les plats continuaient de s'empiler. Tout ce travail, toutes ces saveurs, toutes ces délicates décorations pour rien. Dans le silence spectral, on se regardait tous les trois, presque honteux, je me décidai à appeler le maître d'hôtel. Chance imprévisible, il parlait quelques mots d'anglais. En me tenant le ventre, je lui expliquai que « *sick, not hungry, cannot eat,* malades, pas faim, *we all three* ». Sous un masque d'une politesse imperturbable, il nous vit nous relever et regagner nos chambres, laissant derrière nous cette énorme table intacte. Par chance pour nos petites consciences, malgré le dénuement général, nul ne semblait souffrir de la faim.

Le lendemain matin, je crus que mes fantasmes de la veille étaient devenus réalité. Quand nous descendîmes pour boire un café, ou un équivalent, l'établissement était réellement désert. J'appelai. Personne à la réception, personne dans les cuisines. Je parcourus des escaliers, des couloirs, des bureaux, pas une femme de chambre, pas un gecko. On aurait pu se servir dans les coffres s'ils avaient contenu quoi que ce soit. Le côté film de zombies semblait si ostensible qu'on commençait à se marrer vraiment tous les trois. Qu'est-ce qu'ils nous jouaient, là ? Et comme dans les films de zombies, je les trouvai par un pur hasard dans une salle du premier étage, tous rassemblés, des serveurs aux femmes de chambre, dans leur costume fatigué. Je restai ébahi à observer leur manège à travers la porte vitrée. Une trentaine de personnes assises faisaient face à une sorte d'autel où trônait un buste doré de Hô Chi Minh, entouré de drapeaux rouges à l'étoile jaune. Les employés se levaient et parlaient chacun à leur tour à destination d'une table où étaient installés ce qui semblait être des chefs. Peut-être débattaient-ils du partage du festin que nous avions abandonné la veille, ou de qui nous dévorerait en premier. L'un d'eux m'aperçut et son visage marqua un grand mécontentement. Il interrompit la séance, toute l'assemblée se tourna vers moi. Au lieu de se jeter sur moi pour me mordre, un des chefs se leva et sortit de la salle. Je reconnus le maître d'hôtel anglophone. Il s'excusa et m'expliqua que c'était « *general assembly of the hotel staff unions* », l'assemblée des syndicats de l'hôtel, qui mobilisait la totalité du personnel. Effectivement, c'était une cérémonie sacrée, que j'avais eu l'indélicatesse d'interrompre. J'aurais préféré les morts-vivants.

Nous eûmes notre café, mais nous opposâmes un refus catégorique envers les croissants au poisson.

L'EXPÉ DU FADA

Bon, on avait compris au milieu du parcours que nos chaperons nous amèneraient certes aux principales destinations programmées, mais que pour le reste, ils feraient exactement comme ils voulaient, où ils voulaient, quand ils voulaient, illustrant de très près la dialectique du maître et de l'esclave. Les suggestions qu'exprimaient leurs patrons-payeurs s'avéraient toujours impraticables pour des raisons diverses, et on se retrouvait sur des routes et des lieux que nos humbles serviteurs avaient choisis, honorant aussi sans doute de quelques détours personnels famille ou restaurateurs du cru, tout en faisant comme si nous l'avions décidé nous-mêmes, les malins. Bref, mine de rien, ils aménageaient le programme comme ça les arrangeait, et, dépendant d'eux pour la langue comme pour l'hébergement, on n'y pouvait rien.

Mais pour la RC4, ils me trouvèrent inébranlable. C'était pas négociable. Je voulais à tout prix parcourir la route du désastre militaire de 1950, où, au tout début de la guerre d'Indochine, des paysans peu aguerris avec un armement rudimentaire avaient pulvérisé les troupes d'élite de l'armée française, dotées de blindés et de soutien aérien, entre Cao Bang et Lang Son. Là, ils ne pouvaient pas m'enfumer, me balader ici ou là, j'avais les plans dans ma sacoche, des photocopies tirées de bouquins. Eux n'avaient pas grand-chose à brosser de leur guerre d'indépendance, dont on leur rabâchait les triomphes depuis leur enfance, et nonobstant le peu d'intérêt qu'ils voyaient dans la virée, ils cédèrent devant ma détermination. À partir de Cao Bang, nous enfilâmes la RC4, j'avais pris mon poste d'observation portière droite avec mes jumelles, mes plans, mes photocopies de cartes d'état-major, un vrai malade, même Mèche Folle n'osait plus sourire, il me jetait des coups d'œil préoccupés. Tous les cent mètres, je hurlais « Stooop ! », sautant du véhicule comme un ranger, mes papiers à la main, « C'était là, la bataille de Machinchose et la percée de Trucmuche ! Regardez, j'ai les photos ! » Ils hochaient la tête d'un air entendu, tandis que Cathy attendait dans la voiture que ça se passe, et que mon fils lisait pour la centième fois une revue de jeux vidéo amenée de France.

L'apothéose se plaça à un endroit nommé Ban Nam, lieu d'une escarmouche très mineure entre la guérilla viet et une section d'infanterie du corps expéditionnaire, dont j'avais trouvé au hasard d'un bouquin le récit complet, détaillé et circonstancié, écrit par un de ses protagonistes. Le théâtre du baston, à l'écart de toute agglomération, était entre autres si précisément décrit, plan à l'appui, que quand la voiture déboucha dans la cuvette, je me mis à glapir comme un dément : « C'est là ! C'est là ! Arrêtez ! je reconnais ! » Comme si j'avais été moi-même pris sous le feu de l'embuscade, cinquante ans plus tôt. Le plus dingue, c'est que c'était vrai. La topologie n'avait pas bougé depuis l'époque, la rizière, les bois, le ruisseau, tout était là comme sur le plan et, preuve supplémentaire s'il en était besoin, le seul bâtiment du terrain, un édicule cultuel qu'ils appelaient « pagodon », se trouvait toujours debout à l'endroit décrit. Plans et photos en main, je courais d'un endroit à l'autre, délimitais les zones de l'action tel un adjudant-stratège, et criais les commentaires à l'intention de ma famille : « C'est dans ce bois qu'ils ont déployé les éclaireurs ! À gauche, qu'ils ont mis la mitrailleuse ! », scrutais le décor aux jumelles, « Oui ! Voilà le canal où ils se sont retranchés ! La butte où les Viets avaient mis un 120 ! »

Nos deux supplétifs me regardaient courir avec des yeux effarés, même le lymphatique chauffeur semblait tout chose de me voir bondir partout en vociférant avec mes photocopies, tandis que Cathy, vibrante d'enthousiasme historiophile, m'encourageait d'un « Bon, on y va ? On va pas y passer la journée… »

Je consentis enfin à remonter dans la voiture, trop comblé pour me sentir seul. J'en revenais pas de ma prouesse. Divine surprise, j'avais localisé cet endroit totalement dépourvu d'intérêt historique, auquel seul l'auteur du livre aurait pu prêter un semblant d'attention s'il n'était mort depuis longtemps. Mais j'étais le seul au monde à avoir lu ce livre oublié, et à avoir retrouvé les lieux où il se déroulait. J'avais réussi mon voyage, j'étais content.

CHINE 2001

Qu'était-on partis faire en Chine ? Seigneur, je ne le sais même plus. Peut-être avais-je cédé à la mode du temps, ou m'étais-je laissé aller à devenir un touriste formaté ? Du moins, c'est ce que je croyais. La méticuleuse préparation du voyage dans l'agence sophistiquée de la place Saint-Sulpice avait prévu tous les désagréments, sauf justement mon irréconciliable incompatibilité avec le formatage touristique.

TSEU-HI DE BELLEVILLE

Cathy l'avait baptisée Choupette. Petite, toute menue, avec des lunettes fines sous un front chroniquement buté, c'était notre guide à nous, particulière et privative, incluse dans la pharaonique addition du voyage, pour la même raison qu'exposée quelque part dans les chapitres précédents. Bien à l'heure, bien propre, bien souriante, à notre descente de l'avion. Ayant étudié le français, qu'elle pratiquait correctement, elle avait été donc formée à recevoir les touristes français. C'est-à-dire qu'un microprocesseur dans sa tête avait été programmé avec tout ce qu'un touriste étranger en général, français en particulier, pouvait attendre d'un voyage en Chine. Mais avec nous, très vite, son programme se trouva en décalage croissant avec nos souhaits, entraînant une divergence système et son inéluctable conséquence : le bug.

Nous visitions la Cité interdite, conformément au programme. Pleine saison ou jour d'affluence, nous étions noyés dans une marée de touristes, lesquels, malgré la grande étendue du périmètre impérial, suivent tous le même itinéraire, celui de l'axe central, car passant par les bâtiments dont la visite est incontournable. Pressé dans la meute bigarrée qui piétinait pour passer du palais de la Sérénité éternelle à celui de la Sagesse infinie, je surmonte le brouhaha multilingue pour interrompre le plus poliment possible notre guide. Je l'informe de mon désir, concerté avec ma famille, de m'écarter du cortège et d'aller dans les cours annexes, visiter les bâtiments annexes. Une proportion considérable de la Cité est ouverte à la visite, rien n'oblige à suivre le troupeau, et si les autres secteurs et les autres ailes sont très légèrement moins beaux, oh, à peine, ils ont l'immense avantage d'être déserts.

Mais la puce chargée d'exécuter la séquence n'a pas été programmée pour cette itération. Choupette affiche le sourire un peu crispé du travailleur zélé qui veut absolument bien faire. Elle a compris depuis le premier jour qu'on n'était pas des clients faciles, mais avec une infinie patience et une grande abnégation, elle tente pour la énième fois de redresser nos désirs tordus afin de les remettre dans la voie rectiligne du touriste honnête, conforme aux statistiques.

— Mais non, objecte-t-elle, ce n'est pas intéressant. Nous devons visiter la salle du trône de l'Éternité éternelle.

— Mais si, dis-je en lui montrant le plan, il y a ici le lupanar des eunuques et là, la salle de bains des favorites de rang 20 à 30 (j'invente, je me rappelle plus exactement).

— Mais il n'y a rien à voir, et je ne connais pas l'histoire de cette partie.

— C'est pas grave, nous, on préfère quand il y a moins de monde.

Abrégeant les discussions sans fin qu'on a eues avec elle les jours précédents, je bifurque dans une allée latérale. Derrière un portail, une immense cour, magnifique et vide. Choupette suit de mauvaise grâce, et nous, on apprécie enfin le prodige architectural dans le calme retrouvé. Théâtre pendant cinq siècles des intrigues pour le pouvoir, des luttes de clans, des complots, des massacres, la vertigineuse complexité des toitures, la poésie des détails, l'enfilade géométrique des cours enchevêtrées prennent toute leur splendide gravité quand la fréquentation se fait raisonnable.

Mais ça ne dure qu'un temps. À la troisième cour, Choupette reprend l'initiative : elle nous annonce qu'une pause est prévue dans un salon de thé, où une dégustation nous sera offerte, un peu de repos nous fera du bien. On subodore le piège, et on est pas fatigués, et en plus j'aime pas le thé[12], mais, bon, on la suit. Une fois qu'on a retraversé la Cité dans l'autre sens, elle nous amène devant un pavillon où le salon de thé en question se révèle une officine de souvenirs à touristes les plus lamentables, qu'elle a le cran de nous présenter comme une expo d'artisanat local où nous ferons des affaires, dotée d'une petite table-alibi où nous attendent des gobelets en carton. C'est là que l'infinie lassitude du combat quotidien qu'on doit mener contre elle atteint son point de rupture, la goutte d'eau qui fait déborder le vase Ming, et l'éternelle colère me tombe dessus. Contre toute courtoisie, je la prends par le bras et je l'amène devant une étagère.

— Mademoiselle, nous habitons à Paris, dans le 20e arrondissement, un quartier où vivent beaucoup de vos compatriotes.

Je prends une peluche ridicule qui représente un dragon et je lui mets sous le nez.

— Cette poupée-là, on la trouve dans le magasin en bas de chez nous, exactement la même. Je n'ai pas traversé la terre entière pour acheter une poupée que je trouve dans ma rue. Là, on perd notre temps, alors qu'on a une Cité interdite à visiter.

---

12 Ce qui, sur le continent asiatique, est un vrai handicap.

Je lui suggère donc le plus calmement du monde de nous attendre ici à boire son thé et de nous laisser explorer la Cité à notre guise, on reviendra la prendre, promis. Elle n'est pas d'accord. Elle n'est jamais d'accord. Avec son air des mauvais jours, elle dit qu'elle préfère nous suivre. Et c'est en traînant un boulet à la mine renfrognée et réprobatrice que nous achevâmes la visite du joyau impérial.

Il ne faut pas vexer un Chinois, a-t-on lu dans les guides, qui ne précisent pas ce qu'il faut faire quand ils nous vexent, nous.

LES 5,5 JOURS DE PÉKIN

Ça avait mal commencé. On sortait de l'avion, fatigués de l'interminable voyage, courbatus d'une nuit cassés en deux, un peu abrutis du décalage horaire : sans comprendre comment, à peine dégagés de l'incommensurable queue des cérémonies douanières, on s'était retrouvés immédiatement ballottés dans la cohue assourdissante d'une foule de touristes qui se battaient pour parvenir à grimper dans une espèce de temple rond et bleu que je reconnus, sorti d'une hallucination, comme étant le temple du Ciel, en première page de tous les dépliants touristiques, sorte de Taj Mahal de Pékin. Le bâtiment devait certainement offrir une magnificence hiératique à un autre moment, dans une disposition propice, mais pour l'heure, c'était l'infernale mêlée du métro à 6 heures du soir.

Avec la chaleur implacable d'un soleil diffus dans son brouillard de pollution, j'étais au bord de tomber dans les pommes. Le fiston n'avait même pas essayé, lui, il était resté au bas de l'escalier. Qu'est-ce qu'on foutait là ? Ne pouvait-on passer à l'hôtel avant ? Non, nous avait expliqué notre jeune guide bien-à-l'heure-bien-propre-bien-souriante, c'était le seul jour dans le programme qui permettait la visite. Mais ne pouvait-on faire l'inverse ? Aller à l'hôtel d'abord ? Poser les bagages, changer nos vêtements trop chauds, se rafraîchir, se reposer cinq minutes ? Non, car la chambre n'était disponible qu'à partir de 15 heures, tout avait été soigneusement prévu.

— Alors, voilà ce qu'on va faire, dis-je en montrant le parc adjacent. On va se reposer à l'ombre d'un arbre en attendant 15 heures.

Je suggérai qu'elle revienne nous chercher en temps utile pour nous emmener à l'hôtel. Déjà moins souriante, elle nous expliqua que c'était impossible, le car nous attendait pour nous emmener dans un grand restaurant pour une dégustation de canard laqué. Quelle bonne idée, après vingt-quatre heures d'avion et cette nausée due à la fatigue ! Mais on ne pouvait se désister, c'était prévu.

— Mais pas prévu par nous, objectai-je.

Où avait-elle été chercher ce programme ? C'était convenu dans nos prestations, conclut-elle, plus souriante du tout. Je ne m'en rappelais pas, mais je renonçai à consulter en détail la liste des prestations convenues avec l'agence, qui de toute façon était dans nos bagages, qui étaient dans le car.

Je crois qu'elle et nous comprîmes simultanément à ce moment-là que notre villégiature, ça n'allait pas être de la tarte. Elle, pour exercer son métier comme on le lui avait appris, et nous, pour vivre notre séjour tel qu'on l'avait désiré. J'ai le souvenir de notre visite de Pékin comme une sorte de ring, où tous les jours nous attendait un combat contre Choupette, dont nous ne sortions vainqueurs qu'après un nombre incalculable de rounds.

Il y eut la bataille de l'opéra. Nous étions en train de visiter les somptueux jardins d'une bibliothèque de la Sérénité suprême, lorsqu'elle nous annonça que la sortie à l'Opéra de Pékin était prévue pour le soir même. Ah. Il s'agissait d'un malentendu, que je pensai lever en quelques secondes. Je lui expliquai, tout détendu, qu'à l'agence de Paris, quand on nous l'avait proposé, nous avions demandé que l'opéra ne soit pas compris dans notre programme. Elle afficha son sourire mécanique n° 2.

— C'est une erreur, dit-elle. L'Opéra de Pékin est le plus merveilleux des spectacles, qui comble de bonheur tous les visiteurs étrangers. Vous n'allez pas le regretter.

— Non, nous n'allons pas le regretter, pour la bonne raison que nous n'allons pas y aller. Nous l'avons dûment spécifié à l'avance.

Son sourire mécanique s'effaça, remplacé par une expression de sincère consternation.

— Mais vous devez y aller. Aucun voyageur à Pékin ne part sans voir l'opéra.

— Nous, si.

— Pourquoi vous ne voulez pas y aller ?

— Par convenance personnelle. Nous n'avons rien contre l'Opéra de Pékin mais nous n'aimons pas l'opéra en général.

— Mais l'Opéra de Pékin est exceptionnel. Il plaît à tous les visiteurs, surtout les Français. Vous verrez.

— Non, nous ne verrons pas.

Nous passâmes toute la visite des jardins, ipso facto gâchée, à défendre notre choix : une heure plus tard on y était encore. Elle revenait sans cesse à la charge, notre refus devenait une question d'orgueil national. Je me suis demandé si elle n'allait pas appeler la police pour nous y emmener de force.

Il y eut la bataille de la Grande Muraille. Elle nous transporta, pour la visite de la Grande Muraille, dans un immonde parc d'attractions hurlant de tous ses hauts-parleurs et clignotant de tous ses néons carnavalesques, avec manèges hystériques, comptoirs à hamburgers et sodas partout.

— Mais c'est pas la Grande Muraille ! dis-je, effaré.

— Si, si. Il y a beaucoup d'animation.

— Mais où elle est, la Grande Muraille ?

— Là, au fond.

Effectivement, derrière la grande roue et le rocket circus, on distinguait la Grande Muraille, enfin, une partie reconstruite et rénovée, flambant neuve, dont le plus vieux moellon ne devait pas dater d'avant 1990[13]. En nous approchant, je réalisai que ce que j'avais pris de loin pour un dallage polychrome sur le rempart était une foule compacte de touristes qui couvrait la chaussée d'un parapet à l'autre.

— Euh… Y a pas un autre endroit pour la visiter ?

— Oui mais très loin. Il faut prendre voiture et train. Mais nous allons visiter la Grande Muraille sur écran circulaire en 3D numérique avec simulateur et reconstitution historique, la prestation est comprise.

— Non merci, on va marcher un peu.

---

13 C'était l'aspect du plus fréquenté des sites de visite de la Grande Muraille au début des années 2000. Maintenant, je sais pas.

— Le spectacle est très bon. Pas besoin de marcher. Tout est compris.

— Non merci, on va essayer de visiter en vrai.

— Mais c'est très loin, très long !

On était repartis dans la dialectique. Pour couper court, on se lança incontinent dans la cohue, pardon, *duibuqi, sorry, scusi*. Cette fois-là, anticipant la longue marche, Choupette avait préféré ne pas nous attendre. Elle nous indiqua comment rentrer à Pékin et, à notre grand soulagement, nous quitta. La masse des touristes ne dépassait pas les premiers 500 mètres, à un kilomètre, on ne trouvait que les sportifs, à deux, les derniers acharnés, à trois, c'était vide. Et nettement moins restauré. Nous dûmes marcher une heure ou deux sur les remparts avant d'apprécier le prodige à sa juste mesure, cet interminable serpent de maçonnerie militaire qui jouait à saute-mouton sur les montagnes.

Il y eut la bataille de l'acuponcteur. « Ce soir, nous dit-elle un matin, nous avons rendez-vous chez l'acuponcteur. »

Hein ? Quoi ? Allô ? D'où sortait cette histoire, encore ?

— C'est une visite de découverte de la médecine chinoise. Une consultation gratuite avec séance d'acuponcture pour démonstration.

— Attendez, on a encore dix mille choses à voir à Pékin, et on va poireauter dans le salon d'attente d'un médecin, alors qu'on est pas malades ?

— C'est très bon pour la santé, ça intéresse beaucoup les visiteurs, surtout les Français.

— Et on va se faire larder d'aiguilles par un médecin inconnu en pleine épidémie de sida ? rugit Cathy.

— C'est une expérience très instructive et c'est prévu dans le programme.

Il nous fallut quand même un bon quart d'heure pour qu'elle renonce, atterrée devant notre ignorance barbare, et sans doute devant sa commission qui s'évanouissait.

Il y eut la bataille du métro.

— On voudrait faire un tour dans le métro de Pékin pour voir à quoi ça ressemble.

— Le métro ? Mais c'est inutile ! Ce n'est pas intéressant.

— Peut-être mais on voudrait le voir quand même.

— Pourquoi ? Vous travaillez dans le métro, à Paris ?

Je commençais à lui expliquer qu'ici comme ailleurs, on aime bien voir à quelle sauce sont traités les usagers des transports en commun, c'est souvent plein d'enseignement, lorsque je stoppai net. Avais-je vraiment besoin de toujours me justifier ? Ne pouvait-on prendre une initiative sans avoir à rendre des comptes ?

Je dus hausser la voix pour qu'elle nous laisse prendre le métro.

Ça valait le coup. Ne serait-ce que pour découvrir la mêlée sauvage que constituait chaque descente et montée des wagons bondés, la même que nous retrouvâmes dans les gares et dans les bus : domaine de la loi du plus fort, le plus gros bousculant le plus faible sans aucun scrupule ni réprobation de ses voisins. Relativité des cultures, premier contact avec la courtoisie chinoise de base, déconcertante pour un Européen. Autre découverte : j'imaginais que la rareté d'un touriste occidental dans le métro allait nous attirer des regards de curiosité, même pas. Pour le Chinois moyen, l'étranger est quantité négligeable.

SEULS CONTRE TOUS

L'impression d'être le seul étranger était alors assez fréquente, en Chine : noyés dans la masse, les touristes occidentaux passaient inaperçus. Faut dire que les touristes chinois, eux, par contre, on ne risquait pas de les oublier. Certes, ils n'avaient rien à envier à nos bons vacanciers tricolores en vadrouille, mais ils étaient plus nombreux, toujours en groupes, ils étaient chez eux, et ayant sur l'Occident un certain retard à rattraper, ils mettaient les bouchées doubles en matière de beauferie. Quand les touristes chinois débarquaient dans les sites touristiques chinois, attention aux yeux. Braillements, couleurs hystériques, portables omniprésents, bousculade pour les endroits à photo obligatoire, bousculade pour les souvenirs obligatoires (certificat de visiteur, photo en costume d'empereur), junk bouffe, sodas toujours, papiers partout. Le visiteur non chinois n'était pas malvenu, mais juste toléré, et on te le faisait sentir. Par rapport à nos tares européennes, le tourisme chinois qui prenait son envol en ces années 2000 avait trouvé d'autres coutumes charmantes, comme celle-ci : les membres d'un groupe se coiffaient tous d'une même casquette à couleur fluo pour faciliter la reconnaissance, et suivaient le drapeau fluo de la même couleur que tenait le guide. Tous les guides chinois étaient dûment munis d'un drapeau fluo, et surtout d'un petit haut-parleur en plastique, réglé au volume maximum pour se faire entendre quand les groupes étaient nombreux, parce que le guide d'à côté faisait pareil[14].

Si d'aventure vous visitiez les jardins traditionnels de la pagode du Grand Calme de la patience divine, où l'on vous expliquait que l'harmonie exquise des formes et des couleurs, des rochers et des édicules, était méticuleusement étudiée pour favoriser un état méditatif, où le chant des oiseaux, des grenouilles, des insectes, savamment entretenu, vous conduit par la sérénité philosophique à l'extase poétique, et que débarquaient trois groupes de joyeux lurons du Hunan, tous fanions déployés, casquettes au vent et haut-parleurs en goguette, vous couviez des doutes sur l'éternelle sagesse de l'empire du Milieu.

Pour les étapes suivantes de notre périple, les rapports avec nos autres guides particuliers (on en avait un par ville) furent heureusement

14 On me dit que ça n'a pas tant changé.

moins conflictuels qu'avec Choupette. Mais aucun ne nous épargna la lutte initiale pour échapper aux visites frelatées dont ils attendaient les bénéfices. Ah, la visite de la manufacture de tissage sur soie, dans je ne sais plus quelle ville, où nous nous étions laissé traîner par faiblesse coupable ! L'infinie patience, oui, le savoir-faire ancestral et l'incroyable habileté des tisseuses, oui, dont les heures de travail minutieux aboutissaient à des portraits de bergers allemands, de Harley-Davidson ou de Lady Di, censés être plus vendables aux touristes !

À la fin du voyage, on n'essayait même plus : nos derniers guides eurent la stupeur de se voir proposer d'emblée un confortable pourboire pour accepter de NE PAS faire leur travail, de nous laisser seuls visiter leur ville. Après leur incompréhension, il fallait vaincre leur conscience professionnelle, ce qui était parfois facile, en tout cas plus rapide que les interminables discussions. Oui, ça semble inepte de payer une deuxième fois – et seulement pour qu'ils nous épargnent – des professionnels déjà dûment et chèrement inclus dans notre facture (mais combien d'intermédiaires entre l'agence de la place Saint-Sulpice et leur salaire final ?), je ne dois m'en prendre qu'à moi-même certes, mais je ne sais pas par quel bout.

Une seule fois, une seule, nous tombâmes sur une jeune fille à l'œil vif et au sens de l'humour aiguisé, qui nous écouta attentivement et comprit en quelques minutes ce que nous voulions et ce que nous ne voulions pas. Qui admettait qu'on puisse être différents de l'étalon touristique homologué. Des relations chaleureuses et joviales ! Ça existe donc, ici ! Passionnante et détendue, la seule guide de tout notre séjour que nous étions contents de retrouver. Quel soulagement, quelle volupté ! Il était temps, j'étais au bord de la généralisation fâcheuse. C'était à Xi'an, la ville de l'armées enterrée, lire la description dans tout bon manuel.

LA POLICE DE LA QUEUE DE MAO

Je n'imaginais pas que faire la queue puisse devenir une aventure. Mais voilà, je ne pouvais pas concevoir un séjour à Pékin sans voir de mes yeux la momie de Mao, c'est mon côté groupie historiomane.

Toutefois, voir Mao, ça se mérite. Choupette n'en était pas. D'abord, faut se lever tôt, très tôt. À 6 heures du matin, parce que quand vous arrivez sur place à 7 heures, la queue fait déjà cinq cents mètres. Plus tard, c'est trop tard, vous arriveriez au portail après la fermeture. En débarquant à 7 heures, l'attente n'est que de deux heures. Ça laisse le temps d'observer. Je déteste faire la queue, j'avais conscience que celle-là serait la plus grande de ma vie, dégustons le record, en immersion dans la Chine profonde, les dévots du Grand Timonier étant à 95 % chinois.

Détail fascinant, la police de la queue de Mao. Habillés en civil, on reconnaît les vigiles de la queue à leur mégaphone, le même que celui des guides, et à leur façon très particulière de s'en servir pour le moindre échange. S'adressant individuellement à un interlocuteur, à trente centimètres, le vigile utilise son haut-parleur pour lui gueuler dans les narines. C'est qu'il y en a, des interdictions à gueuler : appareils photo, téléphones, sacs, quels qu'ils soient, shorts, tenues trop voyantes, dès qu'une de ces gravissimes infractions est détectée, ça ne morigène pas, ça hurle. Le visiteur, lui, doit parler bas, obligatoire, et suivre en rangs par deux, pas par trois, une ligne peinte sur le sol, tout départ de la queue est définitif. Chaque vigile est responsable de vingt mètres de queue, il veille sur son troupeau à coups de haut-parleur, t'as intérêt à te tenir à carreau si tu veux le voir, ton Mao, tu bronches, t'es viré, et pas poliment.

Au bout d'une heure de piétinement sous le soleil dessiccateur et les mégaphones aboyeurs, en voilà soudain un qui se dirige vers moi tous hurlements mégaphoniques dehors, fou de rage, qu'est-ce que j'ai fait, qu'est-ce que j'ai pas fait, il va m'égorger, me crever les yeux, m'envoyer en camp de rééducation. Mais au dernier moment, son regard dévie d'un degré, c'est au type derrière moi qu'il en avait : un resquilleur ! Un Chinois qui a osé se glisser dans la queue croyant qu'il n'était pas vu ! L'homme est prestement saisi au collet. Ah non, tiens, ils ne le pendent pas sur place, il n'est même pas bastonné, il est renvoyé sous les hurlements vers le bout de la queue à un kilomètre de là. Tu te dis qu'ils ont vraiment pas dû se marrer pendant la Révolution culturelle. Vous imaginez ça, par chez nous ? Devant le tombeau de Napoléon ? Cinq minutes de ce régime, Paris serait à feu et à sang. Eux, non. C'est la normalité. C'est normal que les gardiens gueulent et que les troupeaux avancent. D'ailleurs, ça s'accélère.

Entrée kolossale, hall kolossal, vite, pas de course, et voilà le sarcophage, la momie embaumée de ce personnage historique qui... merde c'est déjà fini, on descend, un autre hall kolossal, mais où est-on ? Ça gueule, ça se bouscule, pour pas changer. On est dans le hall du merchandising Mao, après la momie, normal, assiettes Mao, réveils Mao, briquets Mao qui font de la musique, j'en aurais bien ramené, tiens, un mug à l'effigie du grand leader pour le café du matin, ça te stimule pour la journée, mais fallait encore se battre et faire la queue, j'ai renoncé.

LES RAVIOLIS DE XI'AN

Ville à majorité musulmane, Xi'an est la capitale du ravioli chinois, sans qu'on puisse y déceler un rapport de cause à effet. Dans les nombreux restaurants de Xi'an, on trouve autant de raviolis qu'on ne trouve pas d'alcool. Comme ils ont tous l'air de se ressembler, tous aussi grands et couverts de néons multicolores clignotants, on en choisit un au hasard.

Rentrer dans ce genre de restaurant quand on ne parle pas la langue, qu'on ne lit pas une lettre et qu'on ignore tout des us et coutumes de la nutrition collective locale, c'est un peu comme plonger dans un potage aux vermicelles, on prend une grande inspiration, on ferme les yeux et on saute.

Dans une usine. C'est la première impression, on saute dans une usine de teinturerie-laverie en gros. Le même bruit mécanique, le même brouhaha, la même chaleur, la même vapeur, le même tourbillon d'activité, les mêmes néons blafards, et bizarrement, la même odeur. On reste assez longtemps, bras ballants dans le passage de l'entrée, ne sachant où aller, effarés par le tumulte, écrasés par la chaleur, bousculés, poussés, houspillés, comme si on était des casiers de bouteilles entreposés au milieu du chemin, jusqu'à ce qu'un serveur – enfin, un des employés en tablier qui courent partout – s'avise de notre embarras autant que de notre stationnement inopportun. Comme on ne peut pas confondre un restaurant de raviolis avec un musée archéologique, il devine au moins pourquoi on est là, c'est déjà un avantage. Le haussement de sourcils d'incompréhension étant la seule réponse qu'on peut donner à toutes les questions qu'il nous pose en chinois, il finit par nous faire signe de le suivre. On traverse le restaurant bondé et il nous amène à une table de conférence : un plateau circulaire de quatre mètres de diamètre, au moins vingt personnes assises autour, et trois chaises vides.

On s'assoit sous la convergence de vingt paires d'yeux. Mais dès qu'on lève les nôtres, d'yeux, les vingt paires se rabaissent vers les bols où s'activent les baguettes. On n'est pas là pour deviser, pour observer, pour baguenauder, on est là pour manger. Dès qu'un bol est vide, son usager se lève et s'en va, remplacé par un autre. On nous met dans les mains une carte, où sont listés en chinois les centaines de sortes de raviolis, enfin, on subodore, puisque ça ne peut pas être des pièces de voiture. Et le garçon attend impatiemment, il a pas que ça à faire. Notre choix se limite à désigner une ligne au hasard ou à montrer les bols des voisins. Trois bols de voisins, s'il vous plaît, deux de celui de gauche et un de celui de droite, merci, *tsié tsié*. Et pour boire, le sommelier n'a que eau ou soda à nous proposer, pour nous, ça sera eau millésimée et pour le fiston, un Fanta chambré, et hop, les raviolis sont déjà sur la table. Dans la vapeur, le bruit, les néons, la noria des convives qui se lèvent et s'assoient, j'avoue que je ne me souviens pas bien de ce que j'ai mangé. Cathy m'a affirmé que c'était très bon, sans pouvoir néanmoins déterminer le contenu de ses pâtes de riz, mais c'est déjà fini, vite, il faut se lever et aller payer, d'autres attendent les places.

Dans je ne sais plus quelle ville, un de nos guides francophones, un peu plus âgé que les autres, nous fit part des impressions de son voyage en France. « J'ai beaucoup aimé votre pays, nous dit-il, mais ce que j'ai trouvé insupportable, c'est la longueur de vos repas. »

EFFRACTION

À Pékin, il y avait dans notre chambre d'hôtel un coffre-fort. Il était chaudement recommandé d'y laisser papiers, cartes de crédit et argent liquide. Le coffre fermait à clé, à l'ancienne. Il advint que je perdis la clé.

Elle avait glissé de la poche de mon pantalon, pas assez profonde, j'aurais dû me méfier. Comme le contenu du coffre avait pour nous une certaine importance, d'autant que nous en étions au début du voyage, il était impératif qu'on le récupérât sans tarder. Or, quand je signalai la perte à la réception, à l'expression du réceptionniste, aux interminables échanges qu'il eut avec ses chefs et sous-chefs, j'eus le pressentiment que ça n'allait pas être simple. Au bout d'un long moment, nous apprîmes l'inconcevable raison du malaise : cet énorme hôtel de vingt étages ne possédait pas de double des clés des coffres. Dans le but désarmant de fournir la sécurité maximum, comprîmes-nous, afin que les clients ne puissent soupçonner le personnel ou la direction de pouvoir ouvrir l'écrin de leurs trésors à leur insu.

Au début, je crus que c'était pour faire monter les enchères, me faire payer très cher un double de la clé, qui évidemment se trouvait quelque part, mais je dus me rendre à cette déraisonnable réalité. Non, il n'existait qu'une clé, et je l'avais perdue. Nous fûmes priés d'attendre dans notre chambre qu'un technicien intervienne. L'incident avait déjà dû arriver à d'autres clients, me dis-je, ils doivent avoir une astuce technique pour forcer la serrure avec les outils appropriés. J'attendais avec confiance.

J'avais tort. L'industrie hôtelière en Chine n'avait pas encore adopté les usages de l'hôtellerie dans le reste du monde, aucun plan B n'avait été prévu. Quand après une très longue attente, on sonna à la porte, l'employé de maintenance, accompagné de la totalité de la hiérarchie de l'étage et du sous-directeur de l'établissement, ne portait même pas de boîte à outils, juste une petite perceuse, du genre de celle que j'avais dans mon étagère à bricolage à Paris.

Sous mes yeux incrédules, je vis le type brancher sa petite perceuse, fixer dans le mandrin une petite mèche et commencer à forer à la bonne franquette l'orifice de la clé.

Bon, me dis-je, il sait ce qu'il fait, le coffre doit être en tôle de carton, il va ouvrir ça d'une pichenette. Mes yeux le crurent encore moins quand je constatai que sa mèche, de qualité égale à l'outillage chinois qu'on vendait dans nos quincailleries parisiennes, ressemblait, au bout d'à peine une minute de forage, à un suppositoire fondu. Le coffre, lui, avait donc un blindage de coffre honnête, et notre technicien se trouvait devant le stupide bloc de métal aussi démuni qu'un apprenti cambrioleur. Il changea de foret, remit le même modèle, pour obtenir, une minute plus tard, le même résultat. Quant à la serrure, à peine entamée, on l'entendait ricaner. Le magicien imperturbable sortit de sa poche une troisième mèche.

Le coffre était placé dans un corridor entre l'entrée et la chambre. Avec le personnel de l'étage et de la direction, au moins sept personnes se pressaient pour assister au massacre des mèches par le monte-en-l'air amateur, auxquelles il fallut ajouter Choupette, lorsqu'elle vint s'enquérir des raisons de notre absence. Mais son assistance dans cette situation difficile se limita à une mimique aussi réprobatrice qu'expressive quant à ma condamnable négligence. Puisqu'elle était là, j'en profitai pour lui demander pourquoi il y avait tant de monde dans notre petite chambre. Il fallait des témoins présents à l'ouverture du coffre, me dit-elle, pour attester que nul ne toucherait au contenu. J'en déduisis que le personnel de l'établissement n'était composé que de repris de justice, de récidivistes, et de taulards en permission de sortie, ému néanmoins qu'un personnel si pléthorique soit entièrement et exclusivement mobilisé pour assister des heures durant à un TP de physique sur l'irréductible confrontation de la dureté des matériaux (ça s'appelle l'échelle de Moth).

Fondu au noir pour symboliser que le temps a passé. On retrouve les mêmes, quatre heures après. Toujours autant de monde dans le petit mètre carré du corridor, mais il y a eu des rotations. Le technicien s'est vu adjoindre un deuxième technicien avec un stock de mèches, des membres de la direction sont passés pour demander où ça en était, tout ce monde pérore et disserte dans l'exiguïté du passage, on a sorti les thermos de thé, et finalement, un troisième technicien est arrivé avec une perceuse maousse et des mèches professionnelles. Il avait sans doute fallu le faire venir d'une lointaine banlieue.

Quand le coffre restitua enfin son contenu, il faisait nuit. Nous récupérâmes nos biens en grande cérémonie, remerciâmes très sincèrement l'assistance, et tout le monde se sépara avec un dernier regard pour le coffre éventré, semblant presque regretter ces bons moments passés dans la chaleur humaine et le feuilleton du fric-frac.

Curieusement, lors du check-out le lendemain, ils ne me demandèrent de rembourser ni le coffre ni la clé. Peut-être estimèrent-ils que la perte d'une journée dans un séjour qui en comportait assez peu, pour un incident aussi bénin, constituait une contribution suffisante. Ou plus vraisemblablement, l'organisation très baroque de leur entreprise n'avait pas prévu le cas. Plutôt que des doubles de clés, ils avaient des doubles de coffres.

MICTION IMPOSSIBLE

Je ne sais pas pourquoi, les aventuriers ne parlent jamais de leurs envies de pisser. Si, je sais. Ils trouvent que c'est vulgaire et pas assez intéressant. Pourtant, moi qui suis très sensible aux stimulants diurétiques, café, bière, vin blanc, il m'est arrivé, lors d'envies de pisser non négociables, des péripéties dignes de la tragédie grecque. Je vous ai déjà raconté l'affaire du Vietnam, mais en Chine, ça confina au *space opera*.

Car avoir envie d'uriner (c'est pas que je deviens poli tout à coup, c'est pour éviter la répétition de « pisser », la littérature, c'est un métier, petit gars) à Pékin, qu'on soit homme ou femme, relevait dans ces années-là de l'épreuve olympique. C'est qu'il n'y avait alors pas de troquets ni de cafétérias dans les villes chinoises, et que les toilettes publiques aux endroits opportuns n'existaient pas. Plus précisément, le problème, c'est qu'il n'y avait QUE ça, des toilettes publiques. J'explique : de nombreux habitats collectifs de l'époque, vieilles masures ou cités-béton construites à la hâte sous Mao, en étaient dépourvus. Aux poubelles de l'histoire, les frilosités petites-bourgeoises !

La juste lutte idéologique devait s'étendre aux défécations et mictions, y a pas de raison. Brigades populaires de l'étron, comités d'avant-garde de la vessie, gardes du PQ rouge, héros du transit abdominal prolétarien, pour économiser tout-à-l'égout et canalisations, billevesées capitalistes, le maoïsme avait instauré les chiottes communautaires, dans de vastes bâtiments dédiés à ça, un par quartier, où le peuple vivait dans ses tripes le grand frisson de la véritable authentique égalité humaine. Tout juste avaient-ils concédé du bout des lèvres une séparation des sexes. On descendait de chez soi et on parcourait trois rues pour aller chier ou pisser (j'ai le droit, la précédente occurrence est suffisamment distante), ou vider son seau, romance de la vie quotidienne dans la Chine rouge.

Quand le touriste en virée avait besoin de se soulager à Pékin, sur les interminables avenues dénuées d'oasis, quand son hôtel était trop loin et qu'il n'y avait pas de musée aux alentours, il ne restait que ça comme solution : les toilettes du peuple, héritées de la ligne dure, encore en service dans de nombreux quartiers. Des pictogrammes éloquents, semblables à ceux utilisés en Europe, signalaient l'endroit, mais rien que l'odeur à cinquante mètres suffisait à l'information. On hésitait longtemps avant d'y plonger, mais c'était ça ou la rue, et à Pékin, il y a toujours du monde partout, et ça restait préférable à une occlusion de la vessie. En respirant par la bouche pour ne pas s'asphyxier, en clignant les yeux parce que l'endroit était sombre quand on venait du soleil, on plongeait donc.

On s'en était déjà aperçus au Vietnam, le rapport à la pudeur corporelle en Asie n'est pas le même qu'en Occident. Dans nombre de pays asiatiques, on voit cohabiter une pudibonderie farouche quant à la sexualité avec un libéralisme désarmant en ce qui concerne les fonctions naturelles d'excrétion. Chacun voit midi à sa porte, disait mon papa, et on s'habitue à tout, mais pour nous, petits Européens, ça fait drôle, quand on a justement pas l'habitude. Car en l'occurrence, l'absence d'intimité excrétoire s'accordait avec les mentalités locales, tradition confucéenne ou orthodoxie marxiste-léniniste, l'une et l'autre méprisant l'individualisme avec la même vigueur. Je marquai un temps d'arrêt, le temps que mes yeux s'accoutument à la pénombre : un hangar d'une trentaine de mètres de long, à droite une rigole pour uriner, à gauche une ligne de trous pour déféquer, et nulle part la moindre cloison, séparation, parapet. On opérait devant tout le monde et tout le monde trouvait ça naturel. À droite, un rang de camarades bien alignés faisait pipi, à gauche, une demi-douzaine de culs alignés de même s'activaient, de dignes bureaucrates, les fesses à l'air, profitaient de l'instant pour discuter au-dessus de leurs trous respectifs de la météo du jour ou des programmes de télé. Je ne révèle rien de ma vie privée si je vous dis que ça me dérange moins pour la petite que pour la grosse. Et donc, m'insérant à une place libre dans la rangée des pipis, ça ne m'empêcha pas d'éprouver un grand soulagement. Presque aussi fort que celui de retrouver le jour et l'air extérieur, une fois la formalité accomplie.

À Shanghai, ce ne fut pas moi qui fus pris d'une envie de pisser urgente, mais mon fils de 16 ans. L'emballement de la modernité qui alors s'abattait sur la ville n'épargnait pas le domaine des fonctions naturelles, on trouvait çà et là des toilettes publiques payantes d'apparence plus fréquentables, souvent relevant de l'initiative privée dorénavant partout stimulée. Justement, un genre d'Algeco tout neuf jouxtant un parking propose ce service moyennant une somme dérisoire. Il y a deux cabines individuelles, une pour homme, une pour femme, et au milieu, la dame pipi. On se fend de la somme requise et la patronne désigne la porte « homme » avec un sourire, denrée rare sous ces latitudes, jusque-là tout va bien. Le fiston pénètre dans l'édicule et la dame referme la porte derrière lui. Au bout d'un laps de temps inférieur à une seconde, on voit le fils gicler du cabanon, rouge comme le drapeau national. Il n'avait pas été confronté comme moi à l'hygiène relax de Pékin, il avait attendu d'être ici pour découvrir les joies du libéralisme sanitaire, la surprise s'ajoutait à la sensibilité juvénile. Dans la petite cabine, il y a déjà là un monsieur assis qui fait ses besoins, mais l'urinoir à côté de lui est libre, et n'attend que de voir son investissement amorti. La dame avait naturellement proposé la place disponible : voyant son usager s'enfuir à toutes jambes, elle ne comprit pas où était le problème.

Un jour, lors de nos pérégrinations pédestres aléatoires à Pékin, un nuage méphitique nous tomba dessus. L'odeur était si pestilentielle, irrespirable à la limite du vertige, qu'on pensa d'abord à l'explosion d'une usine chimique ou à une expérimentation de gaz de combat qui avait mal tourné. Toutes les flatulences des démons de l'Apocalypse avaient remplacé dans l'air l'oxygène et l'azote, un couvercle de méthane, de sulfure d'hydrogène et d'émanations d'acide urique avait recouvert les rues, une catastrophe industrialo-olfactive était en cours, nous n'étions pas les seuls incommodés, les Pékinois marchaient la main sur le nez. D'ailleurs, des barrières coupaient la circulation de la voie et des policiers incitaient les piétons à prendre un autre itinéraire, quelle calamité était advenue ? Avant de partir en courant, mon incorrigible curiosité me força à jeter un œil cent mètres plus loin pour trouver l'explication. Devant un de ces lieux d'aisance partagés, des employés munis de masques à gaz tiraient des gros tuyaux d'un camion-citerne garé à côté : c'était rien, on vidangeait les toilettes collectivistes du quartier.

VIPÈRES LUBRIQUES

Entre les tours de Shanghai, il y a un vieux quartier de vieilles maisons avec de vieilles avenues bordées de vieux arbres comme à Marseille ou à Tourcoing. C'est normal, parce que ces rues ont été conçues et dessinées par des Français. Nous sommes dans l'ancien quartier de la concession française, quand les Occidentaux se partageaient la ville, comme dans le Tintin du *Lotus bleu*, sauf que les Français étaient gentils alors que les Rosbifs de l'album sont méchants. Dans une vieille rue de ce vieux quartier, il y a une vieille maison méticuleusement restaurée : c'est la maison où eut lieu le congrès fondateur du Parti communiste chinois, en 1921.

De ce congrès clandestin, Mao n'était qu'un participant parmi d'autres. La maison est maintenant un musée, aussi sacrée qu'une église, parce que le parti communiste fait toujours l'objet d'un culte officiel, à Shanghai comme partout en Chine. Qui aurait dit qu'un régime communiste serait parvenu à maintenir cette inconcevable schizophrénie : le capitalisme le plus débridé de la planète conservant farouchement ses références au marxisme-léninisme ?

Les idéologues officiels du parti doivent fonctionner aux antidépresseurs.

Dans une muséographie aussi pompeuse que lourdement démonstrative, un détail m'avait accroché : exposées sur un mur d'honneur, baignées dans un éclairage sélectif soigneusement étudié, les photos des membres fondateurs du parti étaient classées en deux catégories. Sur le rang du haut, les bons, qui avaient toujours suivi la ligne incarnée par Mao et avaient mérité la confiance du peuple. Les portraits étaient grands et espacés, leur légende écrite sur une grande étiquette rouge. Dans le rang du bas, les mauvais, qui s'étaient rendus coupables de toutes les trahisons, déviations, retournements, pour saboter la révolution prolétarienne avec des ricanements sardoniques et des petits couinements de volupté, c'est-à-dire qu'à un moment de leur vie, ils avaient manifesté leur désaccord avec Mao, et avaient été éliminés. Dans un passé récent, la solution stalinienne immédiate aurait été simplement d'effacer leurs traces de l'histoire, ils n'ont pas existé, mais dans la Chine dorénavant ouverte au monde, c'était plus difficile, puisqu'on pouvait aisément retrouver leur mention chez les historiens étrangers. Alors, on avait décidé de montrer les portraits des fondateurs félons, mais en leur réservant un traitement punitif vexatoire. D'une telle puérilité que ça prêtait à sourire : leurs photos plus petites, moins bien éclairées, un peu de traviole, n'avaient droit qu'à une toute petite étiquette noire, avec mention de leur trahison, déviation, retournement, bien fait pour eux.

Comme le souci de ma rubrique dans *Fluide* n'était jamais bien loin, le détail était trop beau, il me fallait impérativement une photo du mur. Mais pour des raisons mystérieuses, les photos étaient strictement interdites à l'intérieur du musée. C'était écrit partout en gros caractères, peut-être avaient-ils peur que des espions industriels copient leur muséographie. Et avec un effectif de deux gardiens militaires au garde-à-vous dans chaque salle, il était assez difficile d'enfreindre la loi. Héros de la presse d'humour, je décidai néanmoins d'essayer. Je planquai l'appareil photo sous mon bras et, sans viser, discrètement, clic, avec un toussotement pour couvrir ledit clic.

Le malheur voulut que mon appareil, de marque japonaise fabriqué en Chine, tiens c'était prévu, avait une fâcheuse particularité : pour régler manuellement l'exposition, il fallait débrayer le mode automatique à chaque utilisation, particularité que, dans l'émotion du moment, j'oubliai. Dans la salle baignée d'un éclairage tamisé, comme il sied à la dévotion, l'appareil, ne trouvant pas la lumière suffisante à son goût, y alla donc automatiquement de son flash et balança un éclair aussi violent qu'illégal. Dans ces contrées, certains se sont jadis retrouvés au peloton pour moins que ça. Devant l'ire terrible des gardiens accourus, hurlant « *No picture ! No picture ! Forbidden !* », tiens ils ont oublié leur haut-parleur, j'ai bien cru qu'ils allaient confisquer l'appareil, arracher la pellicule, sans préjudice d'une amende spéciale touriste irrespectueux, avec peut-être une petite garde à vue, allez savoir.

Ce sont les Jeux olympiques qui m'ont sauvé. La Chine se préparait alors à en devenir l'hôte officiel, et devait soigner sa réputation internationale. Toutes les autorités avaient donc pour consigne de montrer aux étrangers un visage avenant, souriant et compréhensif, d'où la clémence inaccoutumée des fonctionnaires, qui m'ont laissé partir moyennant quelques réprimandes. « Français ? Zidane ! Zidane ! » conclurent-ils avec de grands sourires, oublieux que c'était la police française de la concession française qui avait mis fin au premier congrès du parti clandestin, en arrêtant tous ses membres. J'aurais dû les dénoncer, tiens.

LA VENGEANCE DE CHOUPETTE

Au début des années 2000, un bâtiment à lui seul résumait assez bien la civilisation chinoise moderne qui s'épanouissait : la gare de Pékin. Rutilante neuve, démence de béton habillé de verre mercurisé, pharaonique à l'extérieur, colossale à l'intérieur, douze gares Saint-Lazare empilées, bien montrer au peuple désormais promu clientèle comme l'État est riche et puissant, comme les Chinois sont les plus forts. De fait, sous des plafonds dorés dont le plus bas ne descend pas en dessous de vingt mètres, entre des colonnes dorées de cinq mètres de diamètre, tout, dans la décoration – ors sur velours rouge, leit-motiv de base dans le pays –, dans les volumes, dans les verticales, dans les matériaux, marbre et chrome, est destiné à écraser la foule grouillante qui se compresse et frétille au ras du sol. Le moindre détail architectural n'exprime qu'un discours : « Tu n'es qu'une fourmi, une portion négligeable, une miette, ferme ta gueule, prends ton train, et remercie les Puissances de te laisser contempler une telle merveille, dont tu es à peine digne. » Comme pour en accentuer l'amplitude par un effet de contraste, l'esplanade impériale devant le bâtiment était couverte d'une foule énorme et fatiguée, assise, allongée, accroupie dans la chaleur d'étuve, au milieu de paquetages de pauvres. L'écume des campagnes, des marches de l'empire, Ouïgours, Tibétains, ou simples pékins pékinois, qui attendaient leur train, ou en débarquaient, et attendaient encore, leur bus, leur famille, leur sauveur.

En descendant du taxi, j'avais pris en pleine poire le gigantisme du bâtiment. Un mois plus tard, j'y trouverai rétroactivement le résumé de ce pour quoi j'ai détesté la Chine. Symboliquement réuni, s'y étalait tout ce que je haïssais dans la vie : écrasement de l'individu, promotion du conformisme, de la soumission au chef, à l'argent, aux ancêtres, éloge du travail sans âme, triomphe de la vulgarité, loi du plus fort, culte de la puissance, nivellement par le bas. La Chine des élites, artistes, intellectuels, scientifiques, certes, on l'a pas vue. Mais quelles élites peuvent croître sur de tels fondements ? Je ne profère pas un jugement, juste une perception. Un autre voyage, sans le mot « touriste » tatoué sur le front, m'eût sans doute donné d'autres éclairages. Fin de la philippique de Papy.

— C'est là, nous avait dit Choupette, avec un sourire qui, pour une fois, semblait de la plus spontanée sincérité. Vous prendrez votre billet au guichet en échange de ce bon. Il vous permettra l'accès à une salle d'attente où vous trouverez un grand panneau lumineux. Votre train y sera annoncé avec le numéro du quai. Vous avez le temps, nous sommes en avance. Au revoir, au revoir !

L'air pressé, elle nous avait grimacé un expéditif adieu et, sans regret, nous avions vu disparaître dans la cohue ses petites lunettes et son inamovible robe rose. Une fois traversé le marigot de corps et de sacs qui recouvrait l'esplanade, une fois franchies les monumentales portes, nous eûmes l'impression de pénétrer dans une métaphore du chaos. Sous une nef de cathédrale, qui amplifiait le vacarme étourdissant, une essoreuse cyclopéenne brassait de courants contradictoires cette marée humaine hurlante et tressautante. Nous demeurâmes immobiles, abasourdis, vivant quelques douloureuses secondes de désarroi compact. Où aller ? Il y avait des flèches partout, mais aucun panneau n'affichait de lettres latines, où étaient les départs ? Les arrivées ? Ces guichets, devant lesquels s'étiraient des queues interminables, étaient-ils les bons ? Il semblait y en avoir de différents. Rongés de doutes, nous nous greffâmes sur une file d'attente, au hasard. Ayant enfin accompli la lente progression, devant l'humeur de dogue de la préposée aux billets qui, agitant notre papier, nous posait des questions auxquelles nous ne pouvions répondre, alors que derrière nous montaient des grondements d'impatience en mandarin, nous crûmes avoir attendu pour rien. Avec un soupir exaspéré, elle tamponna des trucs et des machins. Une fois dans nos mains ce qui ressemblait à des billets, nous nous mîmes en quête de la salle d'attente. Tout sembla compromis quand un cerbère à casquette nous en refusa l'entrée avec la jovialité coutumière et les aboiements de rigueur. Fausse alerte, nous nous étions seulement trompés de salle.

Après avoir conquis trois sièges sur des bancs bondés, pourtant aussi petits que les gradins de Bercy, nous découvrîmes, effarés, l'immense tableau lumineux où s'affichaient les départs et les destinations, en lettres rouges. Plus précisément : en idéogrammes rouges. Comment s'y retrouver dans cette soupe ? Pour se faire une idée des idéogrammes concernés, nous repérâmes laborieusement quels caractères correspondaient au nom de notre destination, avec une certitude acceptable, en comparant les mêmes sur les billets, les cartes, les photos. Les nombres en face devaient correspondre aux heures et au numéro de quai. Mansuétude inattendue pour l'étranger, ceux-là étaient en chiffres arabes.

Redoutant de rater notre train pour se retrouver en rade à Pékin, ou pire, de partir vers une destination loufoque, nous passâmes les heures suivantes les yeux rivés sur le tableau, à jouer au jeu des sept erreurs à chaque changement d'affichage, pour reconnaître nos deux idéogrammes à nous, non c'est pas ça, celui-là a une barre en dessous et celui-là deux points à droite.

En avance, un peu qu'on l'était. En fait, on était arrivés quatre heures avant le départ du train, ça nous laissa le loisir d'apprendre la graphie *hanyu* et d'apprécier le décor. Ces quatre heures de stress intense portèrent leurs fruits : à l'heure appropriée, nous trouvâmes le quai approprié, et montâmes dans le train approprié. Devant chaque portière, un responsable de wagon en uniforme se tenait au garde-à-vous. Tout compte fait, on y était arrivés assez facilement, mais au prix de combien de suées ? Aurait-on pu éviter cette demi-journée de galère ?

Une fois assis à nos places, l'idée me traversa que ce n'était pas sans une certaine duplicité que notre guide chérie nous avait sciemment largués dans cet océan déchaîné, se gardant bien de faire avec nous les quelques pas supplémentaires qui auraient suffi pour qu'on attende notre train l'esprit tranquille. Puisque vous êtes si malins et que vous n'avez pas besoin de moi, démerdez-vous.

C'était son petit cadeau d'adieu.

J'ai longtemps rêvé de voir un jour Choupette débarquer en France : je lui aurais mitonné une visite guidée des châteaux de la Loire, au titre de la réciprocité dans les échanges cordiaux et constructifs entre nos deux pays.

POUR ÉVACUER L'AVION, SUIVEZ LE MARQUAGE LUMINEUX

Au long de ces quatre voyages, je suis passé du sémillant jeune homme au quadra grisonnant. L'âge allait-il m'apporter la tranquillité sédentaire, un putain de jardin de Candide pour y planter mes bettes ? C'était sans compter la malédiction des fourmis urticantes introduites dans mon pantalon par les circonstances.

Regroupement familial, amitiés indéfectibles, addiction historique, jusqu'à l'exode climatique, tous les prétextes seront bons pour ramener le quinqua et le sexa pourtant prévenu dans les salles d'embarquement anxiogènes, le propulser dans des contrées remplies de louches rastaquouères aux coutumes barbares. Nous ne sommes qu'à la fin de la première escale, le capitaine et son équipage seront ravis de vous revoir.

TABLE

Direction de la publication
Julien Alvarez

Édition et fabrication
Lorraine Chouty

Conception graphique
Patrice Renard

Couverture et composition
Louis Buignet

Impression réalisée
par Corlet imprimeur
pour le compte des
Éditions du Trésor
En mars 2021

ISBN : 979-10-91534-65-9
Dépôt légal : avril 2021
N° d'imprimeur : 2101.0529
Imprimé en France